인생, 명언으로 답하다

김양경 지음

작가서재

시작하라.
그러면 마치게 될 것이다.

– 괴테

프롤로그
고단한 인생을 위로하는 지혜의 한마디

"당신의 장래 목표는 무엇입니까?"

1979년 하버드 경영대학원에서는 졸업생들을 대상으로 이와 같은 설문을 실시했습니다. 그러자 단 3%만이 목표와 계획을 세웠노라 응답했다고 합니다. 13%는 목표는 있지만 그것을 종이에 기록하지 않았다고 답했고, 나머지 84%는 학교를 졸업하고 여름을 즐기겠다는 것 외에는 구체적인 목표가 없다고 대답했습니다.

10년이 흐른 1989년, 하버드 경영대학원은 1979년에 질문을 했던 졸업생들을 다시 찾아 나섰습니다. 그리고는 그들의 근황에 대한 인터뷰를 시행했습니다. 결과는 어땠을까요?

목표는 있었지만 그것을 기록하지 않았던 13%는 목표가 전혀 없었던 84%의 학생들보다 평균적으로 2배의 수입을 올리고 있었습니다. 놀랍게도 명확한 목표를 기록했던 3%의 졸업생들은 나머지 97%의 졸업생들보다 평균적으로 10배의 수입을 올리고 있었다고 합니다. 이 그룹들 사이의 유일한 차이는 졸업할 때 얼마나 명확하게 목표를 세웠는가에 있었습니다.

이는 '기도의 효과' 연구에서도 나타나는 현상입니다. 믿기 힘든 일이지만 기도의 목표가 무엇인가에 따라 기도의 효과는 천차만별로 달라진다고 합니다. 미국의 생물학자 글렌 레인Glen Rain이 시행한 실험이 이를 증명합니다. 그는 어떤 식의 기도가 암세포의 성장을 가장 억제하는지에 대한 연구를 했습니다. 우선 다섯 개의 세균배양 접시에 각기 똑같은 수의 암세포들을 집어넣고 심리치료사에게 다섯 가지 방식으로 기도해 보도록 했다고 합니다. 그러자 가장 명확하고 긍정적인 메시지를 지닌 기도를 한 배양접시에서 암세포의 성장 속도가 39%나 떨어지는 결과가 나왔습니다. 그 놀라운 기도의 문구는 다음과 같았습니다.

"암세포들이 자연의 질서를 회복해 다시 정상적으로 자라도록 해주세요."

이 기도가 가장 효과가 좋았던 이유에 대해 글렌 박사는 암이란 자연의 질서가 무너져서 생기는 질병이므로 '자연의 질서를 회복해 달라'고 명확하게 문제점을 짚어낸 기도가 가장 효과가 좋았다고 분석했습니다.

하버드대의 '인생의 목표' 연구와 글렌 박사의 '기도의 효과 연구'가 공통적으로 보여주는 것은 무엇일까요?

이는 바로 '명확한 메시지'가 있느냐에 따라 한 개인의 일생이 바뀜은 물론 암이라는 난치병까지도 반응한다는 사실입니다.

구체적이고 명확한 메시지의 힘은 그만큼 크고 강력한 것입니다. 여기에 긍정적인 삶의 자세와 지혜가 더해진다면 더할 나위 없을 것입니다. 제가 서투른 솜씨로나마 현자들의 주옥같은 명언을 모아 엮어낸 이유도 여기에 있습니다.

시대를 넘나들며 사랑받는 명언은 힘이 셉니다. 밝고 명확한 메시지일수록 그 자체로 긍정적인 에너지를 가지고 있기 때문입니다. 현자들의 지혜를 압축해 놓은 에센스이기 때문에 인생의 횃불로 삼을 만합니다. 짧은 한 줄이지만 천마디의 말보다 강력하게 우리의 삶을 밝혀 줍니다.

이 책에는 톨스토이, 아인슈타인, 칸트, 쇼펜하우어 등 서양의 현자들은 물론 붓다, 노자, 맹자 그리고 전설적인 명의로 기록된 편작에 이르기까지 동양의 현자들이 남긴 세상살이의 지혜가 실려 있습니다. 어느 것 하나 놓치고 싶지 않은 주옥같은 말들로 공통적인 메시지를 간추려 보면 다음과 같습니다.

인생은 누구에게나 그 자체로 고단한 것이지만 그 고단함 속에 즐거움이 담겨 있는 것이라는 교훈입니다. 돌아보면 아픈날보다 좋은 날이 많은 것이 인생이며 최선을 다해 열정적으로 사는 사람일수록 '살만한 게' 인생임을 가슴 깊이 공감할 수 있는 59개의 아름다운 메시지가 담겨 있습니다.

 명언과 더불어 간결한 일러스트와 에세이를 넣어 우리보다 앞서 인생을 살아낸 현자들의 지혜를 음미하는 감동을 전하고자 노력했습니다. 짧은 한 줄의 명언이지만 그 한마디 한마디를 통해 이 책을 읽는 모든 분들이 '짧지만 굵은' 인생수업을 받는 계기가 되길 기원합니다.

2011년 가을의 문턱에서
김양경

차례

프롤로그 ... 4

Part 1 하루는 작은 인생이다

톨스토이의 세 가지 질문 _ 레오 톨스토이 ... 15
오늘 꼭 필요한 것 _ 찰리 채플린 ... 17
행복의 해부 _ 벤자민 프랭클린 ... 19
(Life Lessons 우리가 살아가는 이유) ... 20
하루 중 가장 달콤한 시간 _ 엘라 휠러 윌콕스 ... 27
지금 결심하라 _ 토마스 아켐피스 ... 29
한 걸음 한 걸음 _ 법정 ... 31
(Life Lessons 히말라야를 걸어서 넘은 사람들) ... 32
인생의 재료 _ 벤자민 프랭클린 ... 37
인생극장 _ 윌리엄 셰익스피어 ... 39
하루는 작은 일생이다 _ 아르투르 쇼펜하우어 ... 41
(Life Lessons 재테크보다 훨씬 중요한 것) ... 42

Part 2 나를 알아가는 과정이 인생이다

인생은 대나무와 같은 것 _ 혼다 소이치로 ... 53
세상에서 가장 강한 사람 _ 노자 ... 55
인생의 지름길 _ 프랜시스 베이컨 ... 57
지혜는 고통을 먹고 자란다 _ 존 패트릭 셴리 ... 59
(Life Lessons 굴하지 않으면 강해진다) ... 60

나를 이해하는 방법 _ 프리드리히 니체 ... 67
남에게 업신여김을 당하는 이유 _ 맹자 ... 69
능력에 한계가 없는 이유 _ 헨리 포드 ... 71
운명을 바꾸는 법 _ 로버트 솔로 ... 73
(Life Lessons 타고 난 유전자를 바꾼 사람들) ... 74
6가지 불치병 _ 편작 ... 81
열등감은 동의의 다른 말 _ 엘레노어 루스벨트 ... 83
만들고 또 만들어라 _ 생텍쥐베리 ... 85
(Life Lessons 행복의 조건) ... 86

 Part 3 생각이 인생이다

낙관론자여야만 하는 이유 _ 헬렌 켈러 ... 93
인생을 좌우하는 가장 중요한 요소 _ 마르쿠스 아우렐리우스 ... 95
정원과 정원사 _ 윌리엄 셰익스피어 ... 97
(Life Lessons 생각만으로도 호르몬이 나오고 에너지가 소비되는 이유) ... 98
자신감은 무엇으로 만들어지나 _ 딕 체니 ... 103
기도의 효용 _ 쇠렌 오뷔에 키르케고르 ... 105
감옥과 수도원을 똑같이 만드는 것 _ 마쓰시타 고노스케 ... 107
(Life Lessons 삶을 살아가는 데 필요한 가장 큰 에너지) ... 108
내가 할 수 있는 일 _ 헨리 포드 ... 113
인생을 살아가는 두 가지 방법 _ 알버트 아인슈타인 ... 115
(Life Lessons 맛있는 레모네이드의 비밀) ... 116

Part 4 끝없는 배움이 인생이다

인생 수업 _ 리처드 바크 ... 123
바이올린 솔로를 위한 변명 _ 루퍼트 버틀러 ... 125
Life Lessons 인생이라는 학교에서의 필수과목 ... 126
진정한 지혜 _ 윌리엄 제임스 ... 131
내가 가야 할 길 _ 임마누엘 칸트 ... 133
진리는 제일 큰 조롱거리 _ 아르투르 쇼펜하우어 ... 135
Life Lessons 유용한 상식과 쓸모없는 상식 구별하기 ... 136
새벽이 준 선물 _ 존 프레이저 ... 143
하늘로부터 받은 세 가지 축복 _ 마쓰시타 고노스케 ... 145
세상에서 가장 값진 일 _ 소크라테스 ... 147
Life Lessons 당신을 바꿀 한 권의 책 ... 148

Part 5 사랑이 인생이다

인생을 가장 행복하게 만드는 것 _ 빅토르 위고 ... 155
우리는 왜 사랑에 빠질까 _ 알랭 드 보통 ... 157
목적으로서의 사랑 _ 에리히 프롬 ... 159
Life Lessons 사랑에도 '끌어당김의 법칙'이 있다 ... 160
사랑한다면 이들처럼 _ 벤자민 프랭클린 ... 167
내가 살아가는 이유 _ 에밀리 디킨슨 ... 169
사랑이 위대한 이유 _ 마더 테레사 ... 171
Life Lessons '마더 테레사 효과'가 알려주는 건강한 삶의 비결 ... 172

나는 왜 사랑을 찾아 헤메었나 _ 버트란드 러셀 … 177
결혼의 효용 _ 제럴드 브레넌 … 179
그래도 결혼해야 하는 이유 _ 새뮤얼 존슨 … 181
사랑의 상대성 _ 알버트 아인슈타인 … 183
결혼의 가치 _ 피트 드 브리스 … 185
Life Lessons 사랑의 유효기간을 '영원'으로 설정하는 방법 … 186

Part 6 살만한 게 인생이다

성공의 잣대 _ 짐 콜린스 … 195
성공의 정의 _ 랄프 월도 에머슨 … 197
인생을 걸작으로 만드는 방법 _ 마이크 크루지제프스키 … 199
Life Lessons 성공과 실패를 가르는 가장 중요한 요소 … 200
세 가지 행복 _ 중국 속담 … 207
세상에서 가장 행복한 사람 _ 알버트 슈바이처 … 209
당신의 행복지수가 세상을 바꾼다 _ 헨리 헤즐릿 … 211
어느 멋진 날 _ 빅터 프랭클 … 213
Life Lessons 행복은 선택의 문제 … 214
위험과 기회의 상관관계 _ 존 F. 케네디 … 221
노인의 머리와 청년의 손 _ 마르쿠스 툴리우스 키케로 … 223
얼굴이 나를 말한다 _ 에이브러햄 링컨 … 225
인생의 가장 큰 즐거움 _ 월터 배젓 … 227
성공은 끝없는 여정이다 _ 찰리 채플린 … 229
Life Lessons 평범함과 일류의 차이는 '인격' … 230

Part 1

하루는 작은 인생이다

"Everyday is a small life"

톨스토이의 세 가지 질문

당신에게 가장 중요한 때는 언제인가?
당신에게 가장 중요한 일은 무엇인가?
당신에게 가장 중요한 사람은 누구인가?

당신에게 가장 중요한 때는
현재이며,

당신에게 가장 중요한 일은
지금 하고 있는 일이며,

당신에게 가장 중요한 사람은
지금 만나고 있는 사람이다.

-레오 톨스토이(Leo Tolstoy)

오늘 꼭 필요한 것

웃음이 없는 하루는
버린 하루다.

-찰리 채플린(Charlie Chaplin)

행복의 해부

인간의 더없는 행복은
아주 드물게 얻을 수 있는 행운 조각들이 아닌
날마다 얻을 수 있는 조그만 기쁨들로 만들어진다.

-벤자민 프랭클린(Benjamin Franklin, 미국의 작가 • 정치가)

Life Lessons
우리가 살아가는 이유

"사람은 무엇으로 살아갈까?"

러시아의 대문호이자 위대한 사상가인 톨스토이가 일흔이 넘은 말년에 저술한 《사람은 무엇으로 사는가》는 바로 이 질문에 대답하는 작품입니다. 톨스토이는 이 책에서 12개의 드라마틱한 이야기를 통해 삶의 본질을 풀어놓았습니다. 그 첫 이야기는 가난한 구두장이 세몬으로부터 시작합니다.

세몬은 작년 겨울의 혹독했던 추위를 잊지 못합니다. 하마터면 얼어 죽을 뻔했다는 말로도 설명이 모자란 추위였습니다. 아내 마트료나와 함께 다 헤져 구멍이 숭숭난 코트 한 벌을 외출할 때마다 번갈아 입으며 추운 겨울을 나야만 했습니다. 그래서 올해 겨울만큼은 뼈를 찌르는 듯한 칼바람이 불기 전에 서둘러 든든하고 따뜻한 양가죽을 사다가 새 코트를 지어야겠다고 다짐에 다짐을 거듭했습니다.

그동안 모아온 꼬깃꼬깃한 쌈짓돈에 거래처가 달아놓은 외상값을 받아 더하면 올겨울 내내 따뜻하게 입을 수 있는 좋은 양가죽을 살

수 있을 거라 생각했습니다.

　꿈에 부풀어 빚을 받으러 갔지만 빚진 사람은 돈이 없다며 잡아떼기 바빴습니다. 울화가 치민 세몬은 가지고 있던 돈마저 술 마시는 데 써버리고, 집으로 돌아가던 길 모퉁이에서 벌거벗은 채 길을 잃은 거지 청년을 만나게 됩니다. 세몬은 청년이 얼어 죽도록 그냥 둘 수가 없어 하나뿐인 코트를 청년에게 입혀 자신의 집으로 데리고 갔습니다.
　세몬이 돌아오기만을 기다리던 아내 마트료나는 양가죽을 사오긴 커녕 웬 거지를 데리고 집에 돌아온 남편이 못마땅해서 욕을 퍼부었지만 이내 측은한 마음이 들어 따뜻한 음식을 차려 줬습니다. 이때 아무 말 없이 있던 거지청년이 알 수 없는 첫 번째 미소를 짓게 됩니다.

　거지 청년의 이름은 미하일이었습니다. 세몬은 오갈 데 없는 청년을 데리고 구두 만드는 일을 가르칩니다. 놀랍게도 미하일은 손재주가 남달랐습니다. 평생을 구두 짓는 일을 해온 세몬보다 밝은 눈과 눈썰미를 가지고 멋진 구두를 척척 만들어냈습니다.

　그렇게 1년이 지난 어느 날 덩치 큰 신사가 무례한 태도로 가죽을 맡기며 장화를 만들어 달라는 주문을 합니다. 세몬은 비싼 가죽을 들고와서 한 치의 실수도 없이 만들라며 으름장을 놓는 신사가 두려울 뿐이지만 미하일은 알 수 없는 두 번째 미소를 지으며 신사가 맡기고 간 귀한 가죽을 마구 자르기 시작했습니다. 아니나 다를까 미하일은 장화가 아닌 슬리퍼를 만들어 놓았습니다. 이 실수를 어떻게 하나 발을 동동 구르는 세몬에게 신사의 하인이 헐레벌떡 뛰어 들어와 믿지 못할 소식을 전합니다. 으름장을 놓고 돌아간 신사가 마차에 올라타던 중 머리를 심하게 부딪치는 바람에 즉사했다는 것입니다. 그러니 장화대신 죽은 사람에게 신기는 슬리퍼를 만들어 달란 것이었습니다.

다시 1년이 지나 한 부인이 두 아이를 데리고 구두를 맞추러 왔습니다. 그 부인은 엄마가 갑자기 죽는 바람에 고아가 된 아이들을 기르고 있었습니다.

미하일은 이들을 보며 세 번째로 미소를 지었습니다. 부인이 아이들의 구두를 맞춰주고 집에 돌아가자 미하일은 자신의 죄가 용서받았다며 작별인사를 하고 그제야 자신이 누군지, 왜 세몬의 집에서 구두를 짓고 있었는지에 대한 이야기를 털어놓았습니다.

자신은 과거 천사였는데 한 여자의 목숨을 가져오라는 신의 명령을 거역해 벌을 받게 되었고 세 가지 깨달음을 얻어야 하늘로 돌아갈 수 있게 되었다는 것이었습니다. 이 세 가지 깨달음이란 "사람의 내면에는 무엇이 있는가?", "사람에게 허락되지 않은 것은 무엇인가?", "사람은 무엇으로 사는가?"였습니다. 미하일이 얻은 답은 무엇이었을까요?

  미하일의 첫 번째 미소는 어려운 형편에도 자신을 거두고 보살핀 세몬과 그의 부인 마트료나의 모습을 보고 얻은 깨달음에서 나왔습니다. "사람의 내부에는 무엇이 있는가?"라는 질문에 대한 답을 얻은 것입니다.
  사람들은 제 스스로 자신을 돌보기 때문에 살아갈 수 있는 것이 아니라 다른 사람들의 가슴 속에 있는 사랑의 힘으로 살아가고 있었습니다. 남이 베풀어주는 사랑의 힘이 없다면 혼자 힘만으로는 살아갈 수 없는 것이 사람이었던 것입니다.

  미하일의 두 번째 미소는 "사람에게 허락되지 않은 것은 무엇인가?"에 대한 답을 얻었을 때 나왔습니다. 비싼 가죽을 맡기며 장화를 주문했던 신사는 바로 한치 앞 일을 내다보지 못했습니다. 미하일은 신사 뒤에 서 있는 죽음의 천사를 봤고, 신사에게 필요한 것은 장화가 아니라 죽은 이를 위한 슬리퍼임을 알았습니다. 모든 사람이 피해갈 수 없는 것이 죽음이지만 자신이 언제 어떻게 죽을 것인지를 내다볼 수 있는 사람은 존재하지 않았습니다. 사람에게 주어지지 않은 것은 바로 자기 자신에게 있어야 할 것이 무엇인지를 아는 방법이었던 것입니다.

세 번째 미소의 이유는 "사람은 무엇으로 사는가?"에 대한 해답을 얻었기 때문이었습니다. 고아가 된 두 아이가 잘 자라온 것은 그들과는 아무 상관없는 한 부인의 사랑 어린 보살핌이 있었기 때문이고 미하일 역시 인간 세상에서 살아갈 수 있었던 것은 그 자신을 염려해서가 아니라 그를 불쌍하게 여겨 사랑해 주고 돌봐준 세몬 부부가 있었기 때문이었습니다.

사랑할 수 있는 사람은 행복합니다. 사랑할 때 우리는 가장 행복하며 사랑을 받을 때보다 사랑을 줄 때 그 행복감은 더 커집니다. 미하일은 결국 모든 사람들이 살아가는 이유는 주위의 사랑 때문이라는 깨달음을 얻었습니다.

톨스토이가 평생을 걸쳐 깨달은 삶에 대한 통찰을 잘 풀어낸 이 이야기는 "사람은 무엇으로 사는가?"라는 어려운 질문에 대해 누구도 부인할 수 없는 명쾌한 답을 내려줍니다. 여기에는 부유한 지주귀족의 아들로 태어나 시골의 한 초라한 간이역에서 폐렴으로 죽기까지, 톨스토이가 인생에 대해 절박한 고뇌를 체험하고 치열한 인생을 살아온 자신의 삶에 대한 성찰이 고스란히 담겨 있습니다.

인간은 날마다 그때그때 만나는 모든 사람들에게 사랑과 선을 다하기 위해 이 세상에 태어난 것입니다. 현재를 충실히 살며 나의 곁에 있는 사람들과 내가 맡은 일을 소중히 여기는 것이야말로 사람을 살게 하는 이유이자 목적이기 때문입니다.

하루 중 가장 달콤한 시간

하루의 가장 달콤한 순간은 새벽에 있다.

-엘라 휠러 윌콕스(Ella Wheeler Wilcox, 미국의 시인)

지금 결심하라

지금이야말로 일할 때다.
지금이야말로 싸울 때다.
지금이야말로 나를 더 훌륭한 사람으로 만들 때다.
오늘 그것을 못하면 내일 그것을 할 수 있는가.

-토마스 아켐피스(Thomas Akempis, 독일의 신비사상가)

한 걸음 한 걸음

1959년 티베트에서 중국의 침략을 피해
80이 넘은 노스님이 히말라야를 넘어 인도에 왔다.
그때 기자들이 놀라서 노스님에게 물었다.
"어떻게 그 나이에 그토록 험준한 히말라야를
아무 장비도 없이 맨몸으로 넘어올 수 있었습니까?"
그 노스님이 대답했다.
"한 걸음, 한 걸음, 걸어서 왔지요."

-법정, 《홀로 사는 즐거움》 중에서

Life Lessons
히말라야를 걸어서 넘은 사람들

여기 인생 최악의 위기를 맞이한 한 남자가 있습니다. 그의 이름은 슬라보미르 라비치.

때는 바야흐로 1940년, 폴란드인이었던 그는 소련에 의해 공산화된 정치 상황에서 억울한 간첩누명을 쓰고 역사상 최악이라 불리는 시베리아의 '제 303 수용소'에 수감됩니다. 고작 이십대 중반의 나이에 그가 정치범으로 몰려 받은 형량은 25년이었습니다. 철조망도, 감시견도 아닌 살을 에는 추위, 그리고 자연이라는 가장 거대한 존재와 싸워야하기 때문에 제 303 수용소는 그 누구도 탈출할 수 없는 천연의 요새로 불리는 곳이었습니다.

"나는 반드시 돌아가야만 해."

그럼에도 불구하고 라비치는 탈출을 시도합니다. 이유는 딱 한 가지입니다. 자신이 간첩 누명을 썼을 때 혹독한 고문을 견디다 못한 아내가 그를 간첩이라고 지목했기 때문입니다. 라비치는 아내를 원망하는 것이 아닙니다. 아내를 감싸고 용서할 사람은 자신밖에 없으

므로 아내가 기다리는 그곳으로 하루 빨리 돌아가야 한다는 것이었습니다. 그렇지 않으면 아내는 평생을 고통스러운 죄책감 속에 보내게 될 것입니다.

제 303 수용소에서 라비치와 함께 탈출에 나선 사람은 총 7명이었습니다. 건축가로 근무하던 미국인, 40세의 폴란드 기병과 37세의 폴란드 대위, 라트비아 공화국 지주 출신의 청년 등 제각기 다른 사람들이 라비치와 함께합니다. 캠프를 탈출하고 얼마 지나지 않아 야맹증이 있는 한 사람이 얼어 죽게 되고, 그들은 계속 걷습니다. 식량이 떨어지고 계속되는 고된 이동으로 다들 심신이 쇠약해졌지만 그래도 그들은 계속 걷기를 포기하지 않습니다.

광활한 시베리아 벌판과 깊이를 가늠할 수 없는 바이칼 호수를 넘는 인간들은 무한한 자연 앞에서 그저 미약하기 그지없는 존재에 불과합니다. 그렇지만 라비치와 동료들은 목적을 이루고자 계속 "남쪽으로!"를 외치며 걸어갑니다. 한 걸음 한 걸음 계속해서 걸어가지만 자연은 끝이 없습니다.

자유를 향해, 자유를 얻기 위해 공산주의 체제를 거부하며 계속해서 걸어가는 그들의 여정은 몽고를 지나고, 고비사막을 건너 히말라야를 넘어 인도 캘커타에 이르기까지 약 6500km나 이어졌습니다. 걷고 또 걷고 강이 오면 헤엄을 치고, 눈이 오면 야영을 하며 이들이 인도 주둔 영국 군인들에게 구출되기까지는 장장 1년여의 시간이 걸립니다.

시간은 흘러 1989년 공산주의는 붕괴하고 폴란드는 소련으로부터 독립하게 되었습니다. 자유를 찾아 걷고 또 걸었던 라비치는 무려 6500km의 힘난한 대장정을 마치고 그가 사막을 하염없이 걸어갈 때 신기루마냥 보였던 조국의 집, 아내가 기다리고 있는 그 집의 문을 50여년 만에 엽니다.

아내에 대한 용서나 남편에 대한 죄책감 따위는 두 사람에게 문제가 되지 않습니다. 그저 하염없이 눈물을 흘리며 힘껏 안아줄 뿐입니다. 슬라보미르 라비치, 그는 마침내 그가 원하던 곳으로 돌아갔습니다.

이 이야기는 라비치 자신이 구술하고 영국인 로널드 다우닝이 기록한 수기 《얼어붙은 눈물The Long Walk》과 이를 바탕으로 제작된 영화 〈웨이백The way back〉을 간추린 것입니다. 구술했다고는 하지만 라비치 본인이 쓴 수기와 조금도 다를 바 없이 장면들이 생생하고 묘사가 치밀하며 감동적입니다. 실화를 바탕으로 한 문학작품들이 많지만 그 어떤 작품도 라비치의 수기만큼 뜨겁게, 왜 사람으로 태어나서 열심히 살아야 하는지, 목숨과 삶의 의미를 절실하게 깨우쳐주지는 못하는 듯합니다.

　라비치가 자신의 경험을 글로 남기게 된 이유조차도 드라마틱합니다. 당시 히말라야의 산 속에 산다는 무시무시한 설인의 기록을 추적하던 한 런던 신문사 기자가 우연히 설인을 목격했다는 어느 폴란드인을 찾아갔는데 그가 바로 라비치였습니다. 기자는 그의 이야기를 책으로 내도록 독려했습니다. 이에 라비치는 계속 닫혔다 열리기를 반복하는 기억의 실마리를 쫓아 이 책을 기록하게 되었다고 합니다.

　당신이라면 오직 자유만을 위해 6,500km의 믿기지 않는 거리를 걸어서 갈 수 있을까요?
　한 걸음 한 걸음, 사람이 마음먹기에 따라 못해낼 일은 없습니다. 라비치의 이야기를 읽고 나면 살면서 어쩔 수 없이 부딪히게 되는 수많은 장애물 앞에서 불평 한 마디를 하는 것 자체가 사치로 느껴집니다. 일찍이 독일의 문호 괴테도 이렇게 말했습니다.
　"항상 바람직한 목적을 잃지 않고 노력하는 한, 최후에는 반드시 구함을 받는다."

매달려서는 얻을 수 없는 것 두 가지 : 사랑 그리고 시간

인생의 재료

그대는 인생을 사랑하는가?
그렇다면 시간을 낭비하지 말라.
왜냐하면 시간은 인생을 구성한 재료니까.

똑같이 출발하였는데,
세월이 지난 뒤에 보면 어떤 사람은 뛰어나고
어떤 사람은 낙오자가 되어 있다.

이 두 사람의 거리는 좀처럼 접근할 수 없는 것이 되어 버렸다.
이것은 하루하루 주어진 시간을 잘 이용했느냐
이용하지 않고 허송세월을 보냈느냐에 달려있다.

-벤자민 프랭클린

인생극장

지나간 모든 것은 서막에 불과하다.

-윌리엄 셰익스피어(William Shakespeare)

하루는 작은 일생이다

하루는 작은 일생이다.
아침에 잠이 깨어 일어나는 것이 탄생이요,
상쾌한 아침은 짧은 청년기를 맞는 것과 같다.
그러다가 저녁, 잠자리에 누울 때는
인생의 황혼기를 맞는 것임을 알아야 한다.

-아르투르 쇼펜하우어(Arthur Shopenhauer, 독일의 철학자)

Life Lessons
재테크보다 훨씬 중요한 것

"당신의 인생에 있어 성공이란 무엇을 뜻합니까?"
 세계적으로 성공한 사람 중 한 명인 워렌 버핏이 절친한 친구 빌 게이츠와 함께 대학생들을 대상으로 한 좌담회를 갖던 중 이런 질문을 받았다고 합니다. 버핏은 어떻게 대답했을까요?

"저는 성공이라는 측면에서 이렇게 말하겠습니다. 이 말은 여러분을 깜짝 놀라게 하겠지만 말이죠. 저는 제 나이가 되어서 자신을 사랑해주는 많은 사람들을 가진 이들을 알지 못합니다. 사랑해주는 사람들이 거의 없는 것은 성공이라고 할 수 없죠. 만약 여러분이 성공적인 삶을 살아왔다면, 여러분이 늙더라도 여러분 주변의 사람들, 즉 여러분의 가족, 사업상의 동료들 등 모든 사람들이 여러분이 하는 일을 사랑해 줄 겁니다. 그리고 이와는 반대로 놀라울 정도로 부유하고 자기 이름을 딴 학교까지 세웠으며 자신의 이름으로 저녁 만찬도 여는 제가 아는 사람들의 진실은 아무도 그들을 사랑해주지 않는다는 겁니다. 나는 그 사람들이 알고 있기를 바랍니다. 그들의 인생에서 그 나이가 되면 모든 것들이 얼마나 공허해지는 지를요. 그들은 많은 업적을 남겼고 포브스의 400대 부자에도 드는 사람들이죠. 아, 저는 그들이 누구라고 말은 안하겠어요. 지금 이 시기에 제 인생에서 그런 사람들이 많이 있는데 말이죠. …저는 아주 평범한 직업을 가진 성공한 사람들을 봤습니다. 모든 종류의 상황에서 그들 주변 사람들이 그들을 사랑하는 경우에, 그들은 매우 성공했다고 느낍니다."

버핏의 대답처럼 성공한 사람들은 이름만 들어도 아는 유명인이 아니라 사실 우리 주변에 있는 사람들일지도 모릅니다. 평범한 직업을 가졌을지는 모르지만 주변 사람들의 사랑과 지지를 받으며 살아가는 것이야말로 돈이나 명예로는 살 수 없는 성공이기 때문입니다.

자신이 진심으로 사랑하는 일을 하며, 자신이 하는 일을 지지해주고 사랑해주는 가족과 친구들을 가진 사람이라면 성공한 삶이라고 불릴 자격이 충분합니다. 일찍이 알버트 슈바이처도 이런 말을 했습니다.

"성공이 행복의 열쇠가 아니라 행복이 성공의 열쇠다. 자신의 일을 진심으로 사랑하는 사람이라면 그는 이미 성공한 사람이다."

그렇다면 일과 삶의 균형을 잃고 방황하는 바쁜 현대인들이 매일의 삶에서 행복을 찾고 버핏과 슈바이처가 말하는 '성공한 삶'을 누릴 수 있는 방법에는 무엇이 있을까요?

해답은 '하루하루가 우리 인생의 작은 축소판'이라는 쇼펜하우어의 말에 숨어 있습니다. 일과 사람에 찌들어 사는 현대인들일수록 그런 삶에서 벗어나는 방법을 터득하고 이것을 매일 실천해 나가야 합니다.

버핏이 말하는 '성공의 의미'에서 알 수 있듯이 직장과 일에만 치중하는 삶 자체가 잘못된 것입니다. 행복한 삶이란 결코 간단하지 않기 때문입니다. 인간의 행복은 다방면에서 충족되어야 합니다. 직장 생활이란 인생에 있어 하나의 요소일 뿐 그것이 전부가 된다면 그 사람은 결코 행복한 삶을 살고 있다고 볼 수 없습니다.

IMF 경제위기 10년 전과 이후 10년을 꼬박 직장인으로 살아온 저자 최문열은 《하루테크》라는 책을 통해 바쁜 현대인들이 하루하루 작은 습관의 변화와 실천을 통해 매일을 행복하게 사는 기술을 전합니다. 우리나라 직장인들이라면 누구나 몰두해 있는 '재테크'보다 하루하루를 충실하게 보내는 방법인 '하루테크'야말로 삶에 있어 가장 중요한 것이기 때문이라고 합니다.

구체적인 방법은 생각보다 간단합니다. 피곤에 절어 주말을 잠으로만 보내지 말고 하루하루 자신의 에너지 분배를 잘해나감으로써 일만이 아닌 삶 전체에서의 즐거움을 찾으라고 이야기 하고 있습니다. 쉽고 뻔한 대답인 것 같지만 이것만 잘 실천해나갈 수 있다면 인생이 바뀌는 즐거움을 누릴 수 있다는 것입니다.

그렇다면 하루를 충실하게 보낼 수 있다는 '하루테크'의 기술에는 무엇이 있을까요?

저자는 다음과 같은 다섯 가지의 하루테크 전략을 제시하고 있습니다.

첫째, 에너지 계좌를 개설하라

하루의 에너지를 수시 입출금 통장을 관리하듯 분산투자전략을 세워 자신의 하루 24시간을 낱낱이 기록하고 관리해 보는 것입니다. 이것은 무엇을 어떻게 하겠다는 스케줄만 짜는 것이 아닌, 자신의 하루 에너지를 어떻게 분산시켜 하루를 지치지 않고 즐겁게 관리할 것인가에 대한 전략을 세우는 것을 뜻합니다.

둘째, 사고장치를 복원하라

저자는 '생각 걷기 매뉴얼'이라는 것을 제안합니다. 하루 중 홀로 걷는 시간을 반드시 마련해서 조용히 걷기를 생활화하라는 것입니다. 사고의 속도로 걸으며 사고회로가 작동하는 데로 가장 익숙한 자신을 생각하고 처음엔 "왜?"로 시작하여 마지막엔 "어떻게?"로 끝나는 질문들을 스스로에게 해보는 습관을 들여야 합니다.

셋째, 머리 위에 운전대를 설치하라

감정이야말로 돈보다 중요한 관리의 대상이라고 합니다. 그러므로 자칫 나쁜 감정, 마이너스 사고에 빠지는 순간을 경계해야 합니다. 감정에 휩쓸려 하루가 망가지는 것만큼 안타까운 일은 없기 때문입니다.

적극적으로 감정의 날조와 도발에 응수하고 비교로 고통 받지 않는 삶을 살도록 노력하는 것이 중요합니다. 운동을 꾸준히 함으로써 몸을 관리하는 것처럼 감정도 꾸준히 관리할 수 있는 대상입니다. 관리하고 연습하는 만큼 감정에 휩쓸리지 않는 하루를 살 수 있다고 합니다.

넷째, 비장의 무기를 준비하라

평생 직업이 될 수 있는 비장의 무기를 준비해야 합니다. 급변하는 노동 시장에서 가장 확실하게 생존할 수 있는 방법인 자신만의 전문성을 갖추는 일이 시급합니다.

'평생 직장인'이 될 것인가, '평생 직업인'이 될 것인가? 언젠가 당신은 이 질문에 대답해야만 할 날이 올 것입니다. 그리고 선택해야 합니다. 평생 회사를 위해 일하려는 마음을 가진 사람은 많지 않을 것입니다. 직장인보다는 직업인이 되어야만 합니다. 그것을 위해 바로 배움의 정신이 필요한 것입니다.

다섯째, 헤어핀 전략을 구사하라

아무 특색이 없는 일상은 너무도 무미건조합니다. 악센트를 주는 머리핀처럼 그날 하루만의 특별한 색깔을 입혀보는 것이 좋습니다. 바쁜 업무로 인해 어쩔 수 없이 휴일을 반납하고 살아가는 사람들, 야근을 밥 먹듯 하며 자기집을 하숙생처럼 드나드는 사람들, 좋지 않은 실적으로 압박을 받으면서 스트레스에 지쳐가는 사람들이 많습니다. 그러나 중요한 것은 일을 수행하는 사람들의 마음가짐이라 할 것입니다.

똑같은 일을 했더라도 그것을 행한 사람이 즐겁게 했느냐 그렇지 못했느냐에 따라 그 결과는 천양지차이기 때문입니다. 일을 얼마나 즐겁게, 창의적으로, 적극적으로 했는가에 따라 최고의 기업과 그렇지 못한 기업, 성공한 인생과 그렇지 않은 인생이 결정된다는 것을 명심해야 합니다.

《하루테크》가 제안하는 이 다섯 가지 전략 중에서도 으뜸은 '평생 직장인'이 아닌 '평생 직업인'이 되라는 제안에 있다고 봅니다. 리더십 전문가로 일하는 신인철도 저서《토요일 4시간》에서 우리나라 직장인들은 '무한도전'으로 시작해 '1박 2일'로 끝나는 주말에서 빨리 벗어나야 한다고 이야기 하며 직장인들에게 가장 필요한 것은 아이러니하게도 직장일 외에 평생을 가지고 갈 수 있는 취미라고 말하고 있습니다. 그 취미가 당신의 노후를 보장할 평생직업이 될 수 있기 때문입니다. 그러니 시간이 그나마 생기는 주말을 쉬는데 보내지 말고 토요일에 딱 4시간만 자신이 하고 싶은 일을 하는데 보내라는 것입니다. 어린 시절의 꿈을 찾아 전문적인 취미를 갖고 꾸준히 연마해나가다 보면 회사 다니는 하루하루가 즐거워질 뿐만 아니라 인생 자체가 바뀌기 때문입니다.

 실례로 저자는 영국의 위대한 수상 처칠이 주말마다 붓을 들어 그림을 그렸고, 피터 드러커나 아인슈타인과 같이 우리가 위대하고 성공했다고 말하는 사람들이 자신의 인생을 계발하기 위해 평생을 다양하고 전문적인 취미생활 연마에 투자했음을 보여줍니다.
 직장인이던 주부이던 예순이 넘은 할아버지이던 평범한 환경에서도 주말을 가치 있게 보냄으로써 인생을 멋지게 활용한 사례가 수도 없이 수록되어 있습니다.

 직장에만 충실한 하루하루를 보내지 말고 남는 자투리 시간을 최대한 활용하고, 쉬는 시간으로 흘려보내기 쉬운 주말이야말로 전문적인 취미생활을 즐기는 시간으로 바꿔보라는 조언은 하루하루를 꽉꽉 채워가며 사는 사람만이 한 달을, 일 년을, 내 인생을 풍요로움으로 데려갈 수 있음을 알려줍니다.
 《탈무드》도 이렇게 말하고 있습니다.
 "아침에 늦게 일어나고 낮에는 술을 마시며, 저녁에는 쓸데없는 이야기를 하고 있으면 인간은 일생을 간단히 헛되게 만들 수 있다."

Part 2

나를 알아가는 과정이 인생이다

"Life is a process to understand myself"

인생은 대나무와 같은 것

기업이건 사람이건 때때로 과거를 정리하고
미래를 생각해야 한다.
마디가 있어야 대나무가 자라는 것처럼
이런 과정이 있어야
사람도 기업도 성장할 수 있는 것이다.

-혼다 소이치로(혼다사의 창업자)

세상에서 가장 강한 사람

남을 아는 것은 과연 똑똑하다 할 만하다.
하지만 자기 자신을 아는 것이야말로 진정 밝은 것이다.

남을 이기는 것은 과연 힘이 세다 할 것이다.
하지만 자기 자신을 이기는 것이야말로 진정 강한 것이다.

족함을 안다면 과연 여유로울 수 있을 것이다.
하지만 힘써 실행하는 것이야말로 뜻이 있는 것이다.

그 자리를 잃지 않으려 발버둥치면 오래 갈 수 있을 것이다.
하지만 죽어도 없어지지 않는 것이야말로 진짜 오래 사는 것이다.

-노자, 《도덕경》중에서

인생의 지름길

인생은 길과 같다.
지름길은 보통 가장 험한 길이다.

-프랜시스 베이컨(Francis Bacon, 영국의 정치가 • 철학자)

천국에도 고민은 존재한다.

지혜는 고통을 먹고 자란다

고통은 사람을 생각하게 만들고,
생각은 사람을 지혜롭게 만들며,
지혜는 인생을 견딜 만한 것으로 만든다.

-존 패트릭 쉔리(John Patrick Shanley, 미국의 극작가)

Life Lessons
굴하지 않으면 강해진다

天將降大任於是人也　必先苦其心志　勞其筋骨　餓其體膚
천장강대임어시인야　필선고기심지　노기근골　아기체부

空乏其身　行拂亂其所爲　所以動心忍性　曾益其所不能
공핍기신　행불란기소위　소이동심인성　증익기소불능

"하늘이 장차 어떤 사람에게 큰일을 맡기려 함에 반드시 먼저 그 마음을 괴롭히고, 그 몸을 지치게 하고, 그 육체를 굶주리게 하며 그 생활을 곤궁하게 하여 행하는 일마다 뜻대로 되지 않게 하나니 이로써 그 마음을 움직이고 단련케하여 일찍이 할 수 없었던 일을 할 수 있도록 하기 위해서이다."

이것은 백성을 위한 철학자로 평가받는 중국의 맹자가 남긴 말입니다. 현대에 와서 '빈익빈 부익부'가 심해지고 있는 듯하지만 사실 맹자가 살던 춘추전국시대야 말로 노예부터 귀족에 이르기까지 태어날 때부터 그 삶이 예정된 혹독한 시대였습니다. 크고 작은 전쟁이 끊이지 않았으므로 일반 백성들의 삶은 참혹하기 그지없었다고 합니다. 그럼에도 불구하고 맹자는 살면서 겪게 되는 시련이 거셀수록 큰 인물이 될 수 있다고 말하고 있습니다. 맹자는 왜 이런말을 남긴 것일까요? 당시 삶에 지친 사람들을 위로하기 위한 목적이었을까요?

"꺾이지만 않으면 강해진다."

동양에 맹자가 있었다면 서양에는 독일의 철학자인 니체가 비슷한 말을 반복하고 있습니다. 맹자는 인간의 본성이 본래 착하다는 '성선설'을 주장하고 백성을 위한 철학자로 평가받는 사람인만큼 사람들을 위로하기 위해 립서비스를 남기지 않았을까 생각할 수도 있지만, 시니컬하고 사회에 대한 불만이 가득하기로 유명했던 니체도 이런 말을 남긴 것을 보면 확실히 '고통'이란 것은 인간의 위대한 교사인 듯합니다.

실제로 2001년에 발생한 9.11 테러로 고통받은 미국인을 대상으로 역경이 삶에 어떠한 영향을 끼치는가에 관한 연구를 실시했습니다. 연구진은 역경의 항목으로 테러와 같은 위기뿐만이 아니라 개인적으로 질병을 앓은 경험, 최근 경험한 역경, 가족 사망, 재산 손실, 폭행당한 경험, 이혼, 및 자연 재해 경험을 포함 시켰다고 합니다. 그 결과 역경과 삶의 만족도의 상관관계가 밝혀졌습니다.

역경을 경험한 사람들이 역경을 전혀 경험하지 않았던 사람보다도 높은 삶에 대한 만족도를 보인 것입니다. 반면에 고난이 너무 심해 희망이나 자신감을 잃어버린 경우는 스트레스 장애 증상을 경험하는 등 삶이 불행해지기도 했습니다.

즉 고난에 굴하지 않고 견뎌만 낸다면 그 이후에 오는 어지간한 스트레스는 사소한 것으로 치부해 버리는 역량이 형성된 반면, 고난에 굴한 사람들의 경우는 불행이 가속화되는 결과를 보인 것입니다. '꺾이지만 않으면 강해지며', '하는 일마다 뜻대로 안 되는 것을 극복하면 큰 인물이 된다'는 니체와 맹자의 말이 틀리지 않다는 것입니다.

역경을 자기발전의 기회로 삼은 역사적인 인물로서 명나라의 주원장을 들 수 있습니다. 주원장은 태어나자마자 고아가 되어 굶주린 배를 안고 떠돌던 거지였습니다. 하지만 이에 굴하지 않고 절에 들어가 처사 생활을 하면서 하루에 서른 번 커다란 동에 물을 채우는 가혹한 노동을 하며 틈틈이 불경을 공부하고 밤에는 선정을 거듭함으로써 자신이 처한 고달픈 인생을 변화시켜 나갔습니다.

겨울의 혹독한 추위와 한 여름의 뜨거운 햇볕 덕분에 대나무의 마디가 굵어지듯이 주원장은 거지로 태어났지만 거듭된 역경을 극복해 나감으로써 큰 인물로 성장했습니다. '황제가 된 거지'라는 별명처럼 그는 마침내 황제자리를 거머쥐었고 중국역사에 있어 진시황제에 버금가는 인물로 평가받고 있습니다. 동양학 전문가인 페트리

샤 에브리 케임브리지대 교수가 "중국 역사상 한 개인이 역사에 큰 영향을 끼친 예로 명태조 주원장보다 더 두드러진 경우는 없다."고 말했듯 주원장은 팍스 몽골리카로 대변되는 몽골제국의 멸망과 중화제국 회복의 상징이 되었습니다.

모든 사람이 역경을 이겨내지는 못합니다. 하지만 역경을 이겨낸 사람은 그 역경의 크기만큼 더 큰 인물로 성장합니다. 그렇다면 고통을 견디고 더 나아가 이를 스스로를 발전시키기 위한 원동력으로 사용하기 위해서 우리는 어떻게 해야 할까요?

앞서 이야기한 주원장의 일화에서 그 해답을 찾을 수 있을 것입니다. 우선 마음을 닦아야 합니다. 고난에 휩쓸리지 않고 평정심을 유지하는 것이 중요합니다. '명상'이나 '운동' 등이 좋은 방법이 될 수 있습니다.

심리학에서는 어떤 상황에 처할지라도 평정심을 유지하는 것을 일컬어 '회복탄력성'이라고 부르는데, 살면서 외적으로나 내적으로 아무리 큰 상처를 입은 사람이라 할지라도 회복탄력성이 높으냐 낮으냐에 따라 삶의 질이 달라진다고 합니다. 놀라운 것은 상처의 크기와 회복과의 관계는 별로 중요하지 않다는 사실입니다. 회복탄력성이 낮은 사람은 아주 작은 외적, 내적 상처에도 크게 동요하고 회복이 느립니다. 반면에 회복탄력성이 높은 사람일수록 아무리 큰 상처를 입어도 금방 자기 자신으로 돌아오고 오히려 그 상처를 치유하는 과정에서 얻은 경험을 통해 더 큰 사람으로 성장해 나가게 됩니다.

다음으로 중요한 것이 '공부'입니다. 이는 어리석음에서 벗어나는 것을 뜻합니다. 주원장이 만약 고아로 떠돌며 거지노릇을 계속했다면 황제가 될 수 있을까요?

주원장은 자신의 처지를 돌아보고 가장 현명한 선택을 했습니다. 당시에는 절에 들어가는 것이야말로 몸은 힘들지 몰라도 숙식을 해결하며 공부의 기회를 얻을 수 있는 유일한 길이였습니다. 아무리 어려운 환경에 처해있을 지라도 찾아보면 공부를 할 수 있는 기회는 얼마든지 있는 것입니다. 끊임없이 모르는 것을 공부하고 깨치는 것이야말로 역경을 극복하는 가장 큰 힘이 됩니다.

마지막으로 몸을 부지런히 굴리는 것이 중요합니다. 게으른 것을 가장 경계해야 합니다. 몸과 마음은 둘이 아니라는 것이 현대 과학과 의학이 밝혀낸 인간의 본질입니다. 주원장이 매일같이 큰 물독에 서른 번이나 물을 길어 나르는 노동을 한 것은 게으름에서 벗어나기 위해서였습니다. 몸의 강인함은 마음의 강인함을 가져오는 결과를 낳습니다. 이런 일련의 과정을 통해 역경을 성장의 기회로 삼을 수 있다면 반드시 원하는 것을 이룰 수 있고 성공할 수 있습니다.

나를 이해하는 방법

자신이 누구인지 알고 싶다면
자신이 좋아하는 것이 무엇인지 생각해보라.

-프리드리히 니체(Friedrich Nietzsche, 독일의 철학자)

누군가 나를 내려다보고 있는 것 같아.

남에게 업신여김을 당하는 이유

무릇 사람은 반드시 스스로를 업신여긴 뒤에 남이 이를 업신여기며
집은 반드시 스스로가 헌 뒤에 남이 이를 헐고,
나라는 반드시 스스로가 친 뒤에 남이 이를 치니라.

-맹자

능력에 한계가 없는 이유

사람은 누구나 자기가 할 수 있다고 믿는 것 이상의 것을 할 수 있다.

-헨리 포드(Henry Ford, 미국의 자동차왕)

운명을 바꾸는 법

사람의 운명을 결정하는 것은
그 사람이 자기 자신을 얼마나 이해하느냐에 달려 있다.

-로버트 솔로(Robert Solow, 미국의 경제학자)

Life Lessons
타고난 유전자를 바꾼 사람들

우리는 날 때부터 저마다 다른 체질을 타고나고, 이것은 어느 정도 '운명'이라는 속성을 띠고 있는 것 같습니다. 추위를 잘 타지만 더위는 잘 참는 체질이 있는가하면 아무리 먹어도 살이 안찌는 체질이 있고 타고난 '동안'이어서 부러움을 한 몸에 받는 사람들도 있습니다.

요즘 의사들이 환자를 진찰할 때 반드시 환자 가족의 병력을 묻는 것도 이런 현상과 관련이 있습니다. 집안 대대로 특정 암으로 돌아가신 분이 많다면 그 가족의 구성원은 다른 사람들에 비해 암에 걸릴 확률이 높습니다. 가족이란 특정한 유전자를 공유하고 있는 공동체이기 때문입니다. 이것이 '체질'이며 타고난 운명의 무서움입니다. 부모로부터 아니 조상대대로 물려받은 유전자는 나의 건강뿐만 아니라 성품과 기질을 결정합니다. 이뿐만이 아닙니다. 내가 자란 환경 또한 나라는 사람의 성격과 기질이 특정한 식으로 발현되도록 합니다.

이는 인간의 '자유의지'라는 관점에서도 명확한 사실입니다. 의료

분야에서 인간의 타고난 운명을 '유전자'라는 주제로 연구해왔던 것과 마찬가지로 과학분야에서도 '자유의지 vs. 운명'을 주제로 한 유명한 실험이 있었습니다. 바로 벤자민 리벳의 '손가락 실험'입니다.

리벳은 1980년대 초 손가락을 움직이겠다고 마음을 먹기 이전에 이미 뇌에서는 손가락을 움직일 준비를 하고 있다는 사실을 뇌파를 측정해 보여주었습니다. 이 실험은 최근 독일 막스플랑크 연구팀이 뇌영상장치를 이용해 재현해냄으로써 더욱 큰 주목을 받게 되었습니다. 실험결과 손가락을 움직이겠다고 의식적으로 마음 먹은지 무려 10초 이전에 뇌는 손가락을 움직일 채비를 하고 있었습니다.

그렇다면 인간이 '자유의지'를 가지고 있다는 것도 우리의 환상에 불과한 것일까요? 태어날 때부터 인간이라는 존재는 유전자의 프로그래밍에 따라 기계적으로 움직이는 것에 불과하지는 않을까요?

예방의학 분야의 세계적인 권위자이자 클린턴 전 미국대통령의 자문의였던 딘 오니시Dean Ornish 박사도 바로 이점에 의문을 품었습니다. 이는 그가 미국에서 30여년 가까이 심장병을 연구해오면서 놀라운 사례들을 접하게 된 데에서 비롯되었다고 합니다.

그의 환자 중 한 명은 73세의 나이로 혈관 우회수술이 필요했지만 수술을 택하지 않고 박사의 연구에 동참했습니다. 박사는 합리적인 다이어트, 스트레스 관리, 운동, 금연 등 우리가 건강한 삶을 원할 때 기본적으로 이야기하는 것들에 집중했습니다. 종래의 많은 돈과 첨

단 과학기술에 의존했던 질병의 치료에서 벗어나 이 심장병 환자는 그동안 가졌던 잘못된 식습관과 생활습관을 교정하는데 최선을 다했다고 합니다. 결과는 어땠을까요?

 수술과 약물처방이 없었음에도 불구하고 놀라운 변화가 일어났습니다. 임상적으로는 아파서 횡단보도를 건지도 못할 정도의 환자가 한 달 만에 대부분의 사람들과 같아졌고 일 년 후에는 운동기구로 하루에 100층 이상을 오를 수 있게 되었습니다.
 박사에 따르면 이런 케이스는 결코 드문 일이 아니라고 합니다. 심장병은 완치가 힘들고 시간이 지날수록 악화된다는 기존의 생각들은 틀렸다는 것입니다. 질환의 단계나 나이와 상관없이 얼만큼 건강에 해로운 생활습관으로부터 벗어낫느냐에 따라 연령이 높은 사람들도 젊은 사람들과 똑같은 폭으로 회복되었습니다.

 실제로 오니시 박사의 환자였던 잭 맥클론이란 사람은 명문가 태생이었지만 심장병으로 인해 단명한 사람이 많은 불운한 집안내력을 가지고 있었습니다. 때문에 그는 동생과 함께 '40세만 넘기자'며 건강을 위해 최선을 다해 노력했습니다. 하지만 타고난 유전자는 어두운 운명의 손길을 뻗치기 시작했습니다. 그에게 전립선 암이 찾아온 것입니다. 보통의 경우는 수술을 택하지만 그는 오니시 박사의 관리하에 자연식 식습관을 택했습니다. 놀랍게도 단 3달 만에 암세포가 사라졌고 유전자까지 바뀌는 결과를 낳았습니다. 맥클론의 몸에서는 과연 어떤 일이 일어났던 것일까요?

  집안내력은 다른 말로 특정 집안이 대대로 가지고 있는 식성이나 생활습관이 될 수 있습니다. 그런 습관은 타고난 유전자에 의해 발현되었을 가능성이 큽니다. 하지만 건강한 식습관을 갖고 일상생활에 변화를 주기 시작하면 조그맣다고 생각한 변화들이 놀라운 영향력을 행사하게 됩니다. 누구나 건강하지 않은 유전자를 갖고 태어날 수는 있습니다. 하지만 이를 바꿀 수 있는 것도 사실입니다.

  일본에서도 이러한 '운명을 바꾼' 사례가 있었습니다. 일본의 잘 나가는 디자인 회사 사장 토시하루씨는 위암 판정을 받고 위를 잘라냈습니다. 하지만 같은 유전자를 지니고 태어난 쌍둥이 형은 위에 이상 없이 건강한 삶을 살고 있었습니다.
  유전자가 똑같은 쌍둥이에게서 발견되는 건강의 차이는 그 사람이 어떻게 태어났느냐가 중요한 것이 아니라 그 사람이 어떻게 살아가고 있는가가 훨씬 더 우리의 건강과 행복에 영향을 끼친다는 것을 증명해주는 좋은 사례가 아닐 수 없습니다.

  "유전자는 우리의 운명을 결정하지 않는다."
  딘 오니시 박사는 이렇게 말합니다. 유전자는 우리가 타고난 고유의 성질이지만 한 개인이 가지게 되는 생활습관에 따라 타고난 나쁜 유전자는 좋은 유전자로 변할 수 있는 것이었습니다.

물론 이 반대의 경우도 성립합니다. 타고난 운명, 즉 유전자가 훌륭한 사람일지라도 형편없는 식습관과 스트레스로 점철된 삶을 살고 있다면 언제 어떻게 나쁜 유전자가 발현되어 치유하기 힘든 병에 걸릴지 모를 일입니다.

사람의 운명도 이와 같지 않을까요? 동양에서 즐겨보는 '사주'는 일종의 운명 통계학입니다. 이는 사람이 태어날 때 '사주'라고 불리는 생년월일시 네 가지 기둥에 따라 받은 기운이 다르다는 것으로, 이를 통해 그 사람의 운명이 정해진다는 것입니다. 하지만 어디까지나 이것은 한 사람이 좋은 유전자를 타고 났느냐 아니냐의 차이와 같은 것이 아닐까요?

사주상으로 나쁜 기운을 타고 났을수도 있지만 좋은 습관을 가지고 인생을 잘 가꿔 나간다면 좋은 기운을 타고났지만 엉망으로 살아가는 사람보다 오히려 건강하고 행복한 삶을 살 수 있을 것입니다. 실제로 생년월일시가 같은 사람일지라도 누군가는 대통령이 되고 누군가는 거지로 삽니다. 결국 모든 것은 자기 자신에게 달린 셈입니다. 이를 깨닫는 것이야말로 인간으로 태어난 행복이자 삶의 보람일 것입니다.

6가지 불치병

1. 교만 방자하여 이치에 어긋나는 주장을 하는 사람

2. 돈과 명예를 건강보다 중시하여 몸을 마구 굴리는 사람

3. 옷과 음식을 탐하며 편안한 것을 너무 밝히는 사람

4. 음양의 평형이 깨짐으로 오장의 기가 불안한 사람

5. 기본 체력이 없어 명약을 써도 소용이 없는 사람

6. 미신만 믿고 의사를 믿지 못하는 사람

-편작(중국 전국 시대 의사)

열등감은 동의의 다른 말

당신의 동의 없이는 아무도 당신을 열등감 느끼게 하지 못한다.

-엘리노어 루스벨트(Eleanor Roosevelt, 미국의 사회운동가·정치가)

만들고 또 만들어라

스스로에게 삶의 의미를 가르치기 위해서는
각자 자신을 바라보아야한다.
삶의 의미는 발견하는 것이 아니라
만들어가는 것이다.

-생텍쥐페리(Saint Exupery)

Life Lessons
행복의 조건

세상에서 가장 행복한 사람은 누구일까요?

현대 경제학의 아버지인 아담 스미스는 행복의 실체에 대해 다음과 같은 유명한 말을 남겼습니다.

"인생의 진정한 행복에 있어서, 가난한 사람이 상대적으로 부유한 사람보다 열등한 서열에 있는 것은 아니다. 건강한 신체와 편안한 마음은 모든 계급의 사람들에게 대략 일정한 수준에 있다. 하다못해 길거리에 앉아 햇볕을 쬐는 걸인도 수많은 왕이 소유하려고 서로 다투었던 안전을 누리고 있다."

정복자로 유명했던 알렉산더 대왕이 원정길에 코린토스 지방을 지나다가 유명한 철학자이자 남과는 다른 기행을 하기로 알려진 디오게네스를 만난 일화는 행복의 이런 속성을 잘 보여주고 있습니다.

알렉산더 대왕은 평소에 철학에 관심이 많아 철학자들을 불러 의견을 나누기를 즐겼다고 합니다. 그런데 거지 철학자로 불리는 디오게네스만은 불러도 오지 않았습니다. 결국 왕은 디오게네스가 머물고 있는 지역을 지나는 김에 그를 만나볼 작정으로 그가 머물고 있다는 곳으로 찾아갑니다.

마침 디오게네스는 그가 잠을 잘 때 쓰는 커다란 통 밖으로 나와 일광욕을 즐기고 있던 참이었습니다. 두 사람은 간단한 인사를 나누고 대화를 시작했습니다. 먼저 디오게네스가 물었습니다.

"폐하께서는 지금 무엇을 가장 바라고 계십니까?"

"그리스를 정복하길 바라네."

"그리스를 정복하고 난 다음에는 또 무엇을 가장 바라시겠습니까?"

"아마도 소아시아 지역을 정복하길 바라겠지."

"그 다음은 또 무엇을 가장 바라시겠습니까?"

"아마도 온 세상을 모두 정복하길 바라겠지."

"그러면 그 다음은 또 무엇을?"

"그렇게 하고 나면 아마도 좀 쉬면서 즐겨야 하겠지."

"이상하군요. 세상을 정복하고 나서 그 다음에 쉬겠다구요? 나를 좀 보시오. 난 이미 쉬고 있습니다. 난 세계를 정복하지도 않았고 또 그럴 필요성도 못 느끼지만 지금 아주 편히 쉬고 있습니다. 대왕께서 정말 편히 쉬고 싶다면 지금 당장 왜 그렇게 못 하십니까? 편히 쉬기 전에 먼저 세계를 정복해야 한다고 누가 그럽디까? 대왕께 말해 두지만 지금 당장 편히 쉬지 못한다면 끝내 그럴 수 없을 것입니다."

알렉산더 대왕은 이 말을 듣고 쓸쓸한 웃음을 지으면 디오게네스에게 물었습니다.

"내가 지금 당신을 위해 해줄 수 있는 일이 없을까? 당신도 알겠지만 나는 당신이 원하는 것이라면 무엇이든 들어줄 수 있는데 말이야."

"아! 그러시다면 제발 몸을 좀 비켜서 폐하의 그림자를 치워주시겠습니까? 해와 저 사이를 가리고 있는 폐하의 그림자 말입니다."

이 말을 들은 대왕은 크게 웃으며 말했습니다.

"내가 알렉산더가 아니라면, 다른 사람이 아닌 바로 디오게네스가 되고 싶구나."

사서오경 중 하나로 사람이 세상을 살아가는 데 있어서 지녀야 할 자세와 태도를 제시하고 있는 《중용》에서도 비슷한 이야기를 하고 있습니다.

"군자는 거지처럼 살아도 왕처럼 행복하고, 천하를 다스려도 거지 때처럼 행복하다"

결국 행복이란, 그리고 우리에게 주어진 삶을 어떻게 살아야하는지에 대한 해답은 간단합니다. 남들의 기준이 아니라 '내가 진정 원하는 것'을 찾아 나서는 여정이 올바른 삶이며 스스로를 돌아보고 올바른 선택을 내릴 때 인간은 가장 행복할 수 있는 것입니다.

선입견과 편견, 세상의 시선으로부터 자유로워질 때만이 자신이 원하는 것이 무엇인지를 깨닫고 올바른 선택을 하게 됩니다. 더 나아가 자신만이 아닌 더 많은 사람들의 행복을 위한 삶을 사는 것이 궁극적으로는 자기 자신에게 가장 높은 수준의 행복을 가져다줍니다.

 알렉산더 대왕은 자신이 진정 원하는 것이 무언지를 제대로 알지 못했기 때문에 한 평생을 전쟁하는데 허비했고 자신이 그토록 원했던 휴식은 33세에 열병으로 객사할 때에나 얻을 수 있었습니다. 천하를 얻었다 해도 자기를 잃으면 무슨 소용이 있을까요?
 반면 디오게네스는 나이 90세가 넘도록 하고 싶은 대로 하고 살면서 수많은 일화와 명언을 남겨 그리스를 넘어 동양에 이르기까지 많은 사람들에게 깨달음을 주었습니다. 그는 어리석음을 무척이나 경멸했으며 인간은 탁월한 지혜를 통해서만이 보다 큰 행복을 찾을 수 있다고 보았습니다. 그가 생각한 탁월한 지혜의 결과는 다름 아니라, 마음이 편안하고 자유로우며 단순한 삶이었습니다.
 디오게네스의 묘비에는 다음과 같은 글이 적혀있다고 합니다.
 "내 몸을 엎어라. 시간이 지나면 어차피 아래가 위가 될테니."

Part 3

생각이 인생이다

"Thinking is life"

낙관론자여야만 하는 이유

비관론자 치고 별의 비밀을 발견하고,
미지의 땅을 항해하고,
인간 정신의 새 지평을 연 사람은 없었다.

-헬렌 켈러(Helen Keller)

인생을 좌우하는 가장 중요한 요소

우리 인생은
우리 생각이 만드는 것이다.

-마르쿠스 아우렐리우스(Marcus Aurelius, 로마 제 16대 황제)

정원과 정원사

우리의 몸은 정원이고 마음은 정원사다.
게을러서 불모지가 되든 부지런히 거름을 주어 가꾸든
그것에 대한 권한은 모두 우리 마음에 달려있다.

-윌리엄 셰익스피어

Life Lessons
생각만으로도 호르몬이 나오고 에너지가 소비되는 이유

화를 내거나 긴장할 때 우리의 뇌는 자연스럽게 노르아드레날린을 분비합니다. 공포감을 느끼면 아드레날린이 분비됩니다. 불행하게도 이 물질들은 대단한 독성을 가지고 있어 이로 인해 병에 걸리거나 노화가 촉진되어 그만큼 인간을 빨리 죽게 만든다고 합니다. 화를 자주 내거나 스트레스를 많이 받는 사람일수록 자기도 모르는 새에 엄청난 양의 노르아드레날린을 분비하고 있는 셈이라서 성인병과 각종 암의 원인이 됩니다.

반대로 늘 미소를 띠고 매사를 긍정적으로 바라보는 사람의 뇌에서는 뇌세포를 활성화시키고 육체를 이롭게 만드는 유익한 호르몬이 분비됩니다. 인간에게 쾌감을 주는 호르몬은 약 20종 정도가 알려져 있는데 그 작용이나 강약의 차이는 있으나 사람을 행복하고 건강하게 만드는 약리 작용은 거의 같다고 합니다.

일본에서만 무려 600만부가 팔린 《뇌내혁명》의 저자 하루야마 시게오는 인간의 건강과 행복, 그리고 성공에 가장 중요한 역할을 하는 것은 바로 우리 뇌에서 분비되는 호르몬이라고 이야기 합니다.

'플러스 사고'라고 불리는 긍정적인 생각을 해야만 인간은 건강하고 행복한 삶을 살 수 있고 더 나아가 인간으로서의 고차원적인 쾌감을 마음껏 만끽하며 살 수 있다는 것입니다. 그렇다면 '플러스 사고'는 구체적으로 어떻게 하는 것이며, 과연 과학적으로도 그 효과가 입증된 방법일까요?

어떤 상황에 처했느냐와는 상관없이 모든 일을 대할 때 긍정적으로 받아들여야하는 이유는 간단합니다. 이는 우리의 뇌가 활동하고 판단하는 사고의 결과물이 모두 물질화되어 화학반응을 일으키기 때문입니다. 생각을 하는데도 에너지가 필요합니다. 우리는 평상시에 이 같은 사실을 망각한 채 살아가지만 우리가 살면서 하게 되는 끊임없는 생각이야말로 우리의 에너지를 가장 많이 소비시키는 활동 중 하나입니다.

따라서 "싫다", 혹은 "좋다"고 생각하는 데도 기본적인 양의 에너지가 필요하며 뇌가 에너지를 사용할 때는 POMC라는 단백질 분해 현상이 반드시 일어난다고 합니다. 중요한 것은 긍정적으로 사고할 때와 부정적으로 사고할 때의 단백질 분해 방법이 서로 다르다는 점입니다. 그렇기 때문에 긍정적으로 사고하는 것이 중요합니다.

스트레스를 받더라도 긍정적으로 생각해서 '이것은 하나의 시련이다, 좋은 경험이다'라고 받아들이면 단백질이 부신피질 호르몬과 베타 엔돌핀으로 분해됩니다. 부신피질호르몬은 육체적 스트레스를 완화시키는 역할을 담당하고, 베타 엔돌핀은 정신적 스트레스를 해소하는 작용을 합니다. 신기하게도 이와는 반대로 부정적인 사고를 할 경우에 우리 뇌에서는 노르아드레날린과 아드레날린이 분비됩니다. 이 자체로도 독성물질이지만 더욱 큰 문제는 이 물질들로 인해 더욱 강한 독성 물질인 활성 산소가 발생한다는 것입니다. 그러니 외부의 어떤 자극을 받더라도 마이너스 발상을 하는 것 자체가 건강에 얼마나 해가 될지 상상해 볼 수 있습니다.

인간의 사고는 습관의 지배를 받는 경향이 있다고 합니다. 플러스 발상을 하는 사람은 매사를 긍정적으로 받아들이는 사람입니다. 마이너스 발상을 하는 사람은 그 반대로 매사가 부정적입니다. 우리나라에서 가장 많이 판매된 자기계발서 《시크릿》이 주장하는 '좋은 생각을 하면 좋은 일을 끌어당기고, 나쁜 생각을 하면 나쁜 일을 끌어당긴다'는 '끌어당김의 법칙'을 과학적으로 표현한다면 '좋은 생각을 하면 뇌에서 좋은 호르몬이 분비되고 나쁜 생각을 하면 뇌에서 나쁜 호르몬이 분비된다'는 내용이 될 것입니다.

현재 일어나고 있는 모든 일들은 '플러스 사고'로 받아들인다는 것은 매 순간 상황에 휩쓸리지 않고 현실적인 노력을 해야 함을 의미합니다. 별 생각없이 살수록 우리는 매순간 현실의 스트레스에 맞닥뜨리고 말기 때문입니다. 같은 상황일지라도 어떻게 생각하느냐에 따라 우리의 몸 상태는 물론 정신상태가 달라집니다. 현실은 변하지 않더라도 우리 자신은 생각에 따라 얼마든지 변할 수 있다는 것입니다.

실례로 일본의 과학자 에모토 마사루 박사는 다음과 같은 실험을 해서 긍정적 사고의 과학적 효과를 입증해냈습니다. 박사는 똑같은 밥을 두 개의 유리병 속에 넣어 놓고 한 유리병에는 이렇게 말했습니다.

"매일 나에게 힘을 주는 밥, 감사합니다."

그리고 다른 유리병에는 전혀 다르게 말했습니다.

"맛이 되게 없게 생겼어. 망할 놈의 밥."

결과는 놀라웠습니다. 한 달간 같은 말을 반복한 후 두 밥 사이에는 엄청난 차이가 났습니다. "감사합니다"라는 말을 들은 밥에서는 잘 발효된 누룩 냄새가 향기롭게 난 반면 '망할 놈의 밥'이라는 말을 들은 밥은 검은 색으로 완전히 썩어 악취를 풍겼다고 합니다.

이에 놀란 박사는 유리병에 물을 담아 같은 실험을 했는데, '감사' 딱지를 붙인 물은 아름다운 결정체가 반짝인 반면 '미워', '바보' 등 부정적인 단어들을 붙여놓은 물의 입자는 형태가 일그러져 있었다고 합니다. 밥이나 물같이 생명이 없다고 여겨지는 물질들조차도 우리의 생각의 힘에 의해 큰 변화를 보이는데 하물며 생각의 주체인 우리 인간은 어떨까요? 지금 바로 여기서부터 좋은 생각을 하는 습관을 들임으로써 얼마든지 새로운 인생을 열어나갈 수 있는 것이 사람으로 태어난 행복이 아닐까 생각합니다.

Never ever give up!

자신감은 무엇으로 만들어지나

성공의 비결은 돈도 아니고 머리도 아니야,
바로 자신감이지.
그런데 자신감을 가지려면 반드시 갖춰야 할 게 있지.
충분히 준비할 것,
경험을 쌓을 것,
그리고 절대 포기하지 말 것.

-딕 체니(Dick Cheney, 전 미국 부통령)

기도의 효용

기도는 하느님의 마음을 바꾸지 않는다.
다만 기도하는 자의 마음을 바꿀 뿐이다.

-키르케고르(S. KierKegaard, 덴마크 철학자 • 신학자)

감옥과 수도원을 똑같이 만드는 것

감옥과 수도원의 공통점은 세상과 고립되어 있다는 점이다.
그러나 차이가 있다면 불평을 하느냐,
감사를 하느냐 그 차이뿐이다.
감옥이라도 감사를 하면 수도원이 될 수 있다.

-마쓰시타 고노스케(일본 가전업체 '마쓰시타' 창업자)

Life Lessons
삶을 살아가는 데 필요한 가장 큰 에너지

전 세계인의 존경을 받고 있는 넬슨 만델라 전 남아프리카공화국 대통령은 세계정상 중에서 감옥에 가장 오래 갇혀 있었던 사람입니다. 그는 46세부터 무려 27년 동안을 감옥에서 보냈습니다. 마침내 그가 감옥에서 풀려난다는 소식에 각국의 기자들이 교도소 앞에 진을 치고 그를 기다렸다고 합니다. 그런데 놀랍게도 인생의 3분의 1을 감옥에서 보내고 출소한 만델라는 70세가 넘는 나이에도 불구하고 너무나 건강하고 밝은 모습이었습니다. 기자들은 의아해진 나머지 만델라에게 물었습니다.

"다른 사람들은 5년만 감옥살이를 해도 건강을 잃어서 나오는데, 어떻게 27년 동안 감옥살이를 하고서도 이렇게 건강할 수 있습니까?"

그러자 만델라는 웃으며 대답했습니다.

"나는 감옥에서 중노동을 나갈 때 넓은 자연으로 나간다는 즐거움에 비록 몸은 힘들지만 일을 즐겼습니다. 하늘을 보고 감사했고, 땅을 보고 감사했습니다. 남들은 감방에서 좌절과 분노를 삭였지만 나는 마음을 내려놓고 용서를 했습니다. 물을 마시며 감사했고 음식을 먹으며 감사했고 강제 노동을 할 때도 감사했습니다. 그랬더니 세상의 모든 즐거움이 저를 감쌌습니다."

억울한 감옥살이로 인생의 장년기와 노년기를 모두 보내야했던 만델라는 '분노' 대신에 '감사'를 선택한 것입니다. 그 후 만델라는 노벨평화상을 받았고, 남아공 최초의 흑인 대통령에도 당선되었습니다. 만약 만델라가 감옥에서의 생활을 분노와 좌절 속에 보냈더라면 건강이 극도로 악화되었음은 물론 출소 후에도 그저 억울한 옥살이를 하고 나온 한물간 노인 취급을 받았을 것입니다. 감사하는 마음에는 놀라운 에너지가 있어서 모든 위기 상황에서도 건강을 지켜낼 뿐만 아니라 모든 일들을 지혜롭게 잘 극복하고, 마침내 별과 같이 찬란하게 빛나는 인생으로 만들어준다는 것이 증명된 셈입니다.

미국을 움직이는 또 하나의 힘이자 막강 브랜드로 자리매김한 토크쇼의 여왕 오프라 윈프리에게 오늘날의 인기와 존경 그리고 막대한 부를 안겨준 것도 '감사의 힘'이었습니다. 세계에서 가장 바쁜 사람 중 한 명인 그녀가 매일같이 빼먹지 않고 하는 일이 바로 감사일기를 적는 것이라고 합니다. 하루 동안 일어났던 일들 가운데 다섯 가지 감사 목록을 찾아 기록하는 것인데 감사 내용은 다음과 같은 사소한 일상의 것들입니다.

1. 오늘도 거뜬하게 잠자리에서 일어날 수 있어서 감사합니다.
2. 유난히 눈부시고 파란 하늘을 보게 해주셔서 감사합니다.
3. 점심때 맛있는 스파게티를 먹게 해주셔서 감사합니다.
4. 얄미운 짓을 한 동료에게 화내지 않았던 저의 참을성에 감사합니다.
5. 좋은 책을 읽었는데, 그 책을 써 준 작가에게 감사합니다.

오프라 윈프리가 어둡고 불우했던 유년기를 극복하고 오늘날의 자리에 오른 데에는 이러한 감사일기가 큰 역할을 했다고 합니다. 실제로 그녀는 사생아였고 흑인이었으며 가난했고 뚱뚱했으며 미혼모였고 마약중독자이던 시절도 있었습니다. 하지만 부정적인 상황에서도 감사할만한 일들은 찾아내는 습관을 들이고 감사일기를 적고 난 후부터 그녀의 삶에 감사할만한 일들이 더욱더 많이 나타났다고 합니다. 감사하는 습관이 그녀로 하여금 인생에서 소중한 것이 무엇이며, 어디에 삶의 초점을 두어야 하는지 가르쳐 준 셈입니다.

실례로 미시간대학에서 심리학을 가르치는 크리스 피터슨Chris Peterson 교수는 학생들에게 과제로 '감사 편지'를 쓰게 한다고 합니다. 내용은 주로 부모님이나 친구, 크고 작은 도움을 줬던 주변 사람들에게 감사의 마음을 전하는 것이었습니다. 처음에 학생들은 닭살 돋는 과제라며 투덜거렸다고 합니다. 그런데 과제를 낸 후에는 모두 편지를 쓰고 난 후 기분이 좋아졌다는 반응을 보였습니다. 또한 설문조사를 해보았더니 감사의 편지를 꾸준히 쓴 학생의 100%가 감사 편지를 쓰기 전보다 행복감이 높아졌다고 대답했습니다.

그러니 행복하기 위해 우리에게 가장 필요한 것은 감사할 줄 아는 마음입니다. 넬슨 만델라나 오프라 윈프리가 그랬듯이 아침에 일어날 때나 저녁에 잠자리에 들 때 언제든 하루를 돌아보며 감사할 거리들을 찾아 기록하는 시간을 가져보는 건 어떨까요?

내가 할 수 있는 일

할 수 있다고 생각하면 할 수 있고,
할 수 없다고 생각하면 할 수 없다.

-헨리 포드

인생을 살아가는 두 가지 방법

인생을 살아가는 데는 오직 두 가지 방법 밖에 없다.
하나는 아무것도 기적이 아닌 것처럼,
다른 하나는 모든 것이 기적인 것처럼 살아가는 것이다.

−알버트 아인슈타인(Albert Einstein)

Life Lessons
맛있는 레모네이드의 비밀

"너 자신을 알라."

당대의 철학자 소크라테스는 이런 명언을 남겨서 후세에도 길이 길이 기억되고 있습니다. 그렇다면 나 자신을 아는 것이 왜 중요할까요? 나 자신을 안다는 것은 과연 어떤 상태를 말하는 것일까요?

나 자신을 안다는 것은 스스로를 비하하라는 말이 아닙니다. '내가 이것밖에 안되니까', 혹은 '내가 처한 상황 때문에~'라고 생각한다면 자신을 제대로 아는 사람이라고 할 수 없습니다. 이를 심리학에서는 '피해자 언어'라고 부릅니다. 대부분이 자신의 타고난 자질이나 환경을 탓하는 말들을 일컫습니다. 피해자 언어를 구사하기 좋아하는 사람일수록 스스로를 피해자로 만드는 셈입니다. 자신의 운명이 남의 손에 달려 있다고 믿게 되며 그러다 보면 분노와 좌절이 쌓여 부정적인 생각의 늪에 빠지게 되기 때문입니다. 이런 부정적인 생각이 잠재의식에 저장되면 곧 현실로 나타나게 되고 그래서 불행은 자꾸 반복되는 것입니다. 그렇다면 어떻게 해야 할까요?

우선은 부정적인 탓하기 버릇에서 벗어나는 게 중요합니다. 모든 문제를 내 안에서 찾는 것은 좋은 습관이지만 그것이 비난에서 시작해서 비난으로 끝나서는 안 됩니다. 나 자신을 알아야 한다는 것은 모든 변화를 나에서부터 시작하라는 말과 다르지 않습니다. 환경 탓, 남 탓을 하지말고 나부터 긍정적인 생각을 하고 모자란 부분을 개선해나가라는 것입니다.

이와 비슷한 개념으로 성공학의 법칙 중에 '레모네이드 법칙'이 있습니다. 레몬 자체는 무척이나 시고 씁쓸한 맛을 냅니다. 그래서 영미권에서는 불량품을 '레몬'이라고 지칭하기도 합니다. 그런데 레몬에 설탕과 탄산수, 그리고 물을 적당히 넣으면 어떨까요?

그야말로 새콤달콤하고 시원한 음료수로 바뀔 것입니다. 즉 레몬의 신맛처럼 좋지 않은 상황, 실패나 불운이 닥치더라도 긍정적으로 생각하고 설탕이나 탄산수를 첨가하는 것 같은 아이디어를 곁들여 실행하면 맛있는 레모네이드같은 성공을 이룰 수 있다는 법칙입니다. 여기에는 물론 전제조건이 있습니다. 남 탓이나 상황 탓을 하지 말아야 한다는 것입니다.

어떤 단점이라도 어떻게 생각하느냐에 따라 얼마든지 장점으로 승화시킬 수 있습니다. 그 첫 걸음은 나 자신을 객관적으로 바라보는 마음에서부터 시작됩니다. '난 잘 할 수 있다'는 생각에 초점을 맞춰 자신의 긍정적인 부분을 끌어내야 합니다. 그리고 끊임없이 장점을 가꾸고 관리해야 합니다.

실제로 미국의 유명 작가 델마 톰슨은 스스로는 물론 자신이 처한 환경을 긍정적으로 보는 연습을 해서 운명을 바꿨습니다. 그녀는 군인이었던 남편을 따라 캘리포니아 주 모하비 사막 훈련소로 가게 되었는데 남편이 직장에 나가면 섭씨 45도를 오르내리는 지독한 무더위 속에서 오두막집에 달랑 혼자 남겨졌다고 합니다. 모래바람이 시도 때도 없이 불어와서 입안에서 모래알이 씹히고 음식을 해두면 금방 쉬어버렸습니다. 사방엔 뱀과 도마뱀 천지였다고 합니다. 몇 달만에 심한 우울증에 빠진 그녀는 고향 부모님에게 편지를 보냈습니다.
"차라리 감옥에 가는 게 낫겠어요. 정말 지옥에 온 것 같아요."
그러나 아버지는 다음과 같은 단 두 줄의 말로 답장을 했을 뿐입니다.
"감옥 문창살 사이로 밖을 내다보는 두 죄수가 있다. 하나는 하늘의 별을 보고, 다른 하나는 흙탕길을 본다."

아버지의 말에 깨달음을 얻은 그녀는 기피했던 지역 인디언들과 친구가 되었고 그들로부터 공예품과 멍석 짜는 기술을 배웠습니다. 사막의 식물들에게도 취미를 붙여 선인장, 유카식물, 여호수아 나무들은 물론 빨갛게 저무는 사막의 저녁 노을에서도 신비한 아름다움을 발견했습니다. 그녀는 이 새로운 세계를 발견한 기쁨을 책으로 냈고 유명한 소설가가 되었습니다. 그녀는 말합니다.

"사막은 변하지 않았다. 내 생각만 변했다. 생각을 바꾸면 비참한 경험이 가장 흥미로운 인생으로 변할 수 있다는 사실을 깨달았다."

당신의 오늘은 어떻습니까? 신 맛과 씁쓸한 맛을 잘 다스려서 맛좋은 레모네이드를 만들고 있나요?

Part 4

끝없는 배움이 인생이다

"Life is an endless learning"

인생수업

배움이란 당신이 이미 알고 있는 것을 발견하는 일이다.
삶이란 당신이 알고 있는 그것을 증명하는 일이다.

그리고 가르침이란
당신과 마찬가지로 다른 사람들에게
그들이 이미 알고 있는 사실을 일깨우는 일이다.

우리 모두는 배우며, 가르치며 살고 있다.

−리처드 바크(Richard Bach, 미국의 소설가)

바이올린 솔로를 위한 변명

인생이란 대중 앞에서 바이올린 독주를 하는 것과 같은데
문제는 연주를 하면서
연주하는 방법을 배워나가야 한다는 것이다.

-루퍼트 버틀러(Rupert Butler, 영국의 작가)

Life Lessons
인생이라는 학교에서의 필수과목

흔히들 인생을 학교라고 이야기합니다. 그렇다면 우리 모두는 학생으로서 배움을 구하는 존재들인 셈입니다. 세계적인 베스트셀러 《내 영혼의 닭고기 스프》에서 저자 잭 캔필드와 마크 빅터 한센도 인간은 인생이란 학교를 살아가는 존재이며 그 학교에는 다음과 같이 평생토록 벗어날 수 없는 몇 가지 규칙들이 적용된다고 밝혔습니다.

첫째, 신으로부터 육체를 받은 것입니다.
당신이 좋아하든 싫어하든 그것은 이생을 마칠 때까지 당신의 것입니다.

둘째, 당신은 교훈을 얻을 것입니다.
당신은 인생이라는 학교에 등록을 해서 하루종일 전과목을 배워 나갈 것입니다. 이 학교에서 하루하루가 당신에게는 교훈을 배우는 기회입니다. 당신은 그 교훈을 좋아할 수도 있고 어리석을 것들이라고 여길 수도 있습니다.

셋째, 교훈은 당신이 그것을 얻을 때까지 계속 반복됩니다.
당신에게 실패란 없으며 오직 교훈이 있을 뿐입니다. 당신이 교훈을 얻을 때까지 그것을 다양한 형태로 당신에게 찾아올 것입니다. 당신이 그것을 배우면 당신은 그 다음 교훈으로 나아갈 수 있습니다.

넷째, 배움의 과정에는 끝이 없습니다.
삶에서 일어나는 모든 일들 중에 교훈을 담고 있지 않은 일이란 없습니다.

다섯째, 이곳보다 더 나은 그곳은 없습니다.

여섯째, 타인은 당신을 비추는 거울입니다.
당신이 다른 사람에 대해 어떤 것을 좋아하거나 싫어하는 것은 단지 그가 당신 속에 있는 좋은 부분과 싫은 부분을 나타내 보여주고 있기 때문입니다.

일곱째, 당신 자신의 삶을 어떤 것으로 만드는 가는 전적으로 당신에게 달려있습니다.
당신은 이미 필요한 모든 연장과 재료를 갖고 있습니다.

여덟째, 당신이 찾는 해답은 이미 당신 속에 있습니다.
마지막으로 당신은 이 모든 사실들을 잊고 살아갈 것입니다.
중요한 것은 당신이 원할 때면 언제든지 당신은 이 사실들을 기억할 수 있다는 것입니다.

그렇다면 인생이란 학교에서 학생인 우리가 필수로 들어야할 과목은 무엇일까요?
루쉰 이후 중국 최고 작가로 평가받고 있는 왕멍은 바로 이 질문에 대답하고 있는 사람입니다. 그는 고희를 넘긴 나이에 '나는 문학가'라고 말하지 않고 "나는 학생이다"라고 외치고 있습니다. 그의 저서 《나는 학생이다》는 중국의 대문호 왕멍이 굴곡 많았던 자신의 삶에 비추어 쓴 인생철학서입니다.

그는 인생에서 가장 중요한 것을 두 가지로 꼽고 있습니다. 하나는 '생존'이오, 다른 하나는 '배움'입니다. 그는 이야기합니다.
"삶에 대한 걱정이 없는 인생은 인생이라고 말할 수 없다. 그렇기에 무턱대고 물욕을 비난해서는 안 된다. 우리는 개개인의 생명을 가장 귀중하게 여겨야하며 살아가기 위해 일을 해야한다. 그런데 생존은 단순히 먹고산다는 의미가 아니다. 당신이 어떤 일을 하느냐가 당신의 생존가치를 결정한다. 이때 가장 중요한 것이 배움이다…"
왕멍은 그래서 "나는 학생이다"라고 자신 있게 이야기합니다.

이것은 보다 나은 삶을 위해서 한평생 배움을 멈추지 않았던 그의 삶에 대한 자긍심의 다른 말이기도 합니다. 배움은 언제나 그에게 힘을 주었고 인생의 고비고비마다 그가 휩쓸리지 않고 올바른 판단을 할 수 있는 이정표가 되어 주었기 때문입니다.

왕멍은 말합니다.
"학생은 나의 신분만이 아니고 나의 세계관이자 인생관이다."
그래서 왕멍은 인생이라는 학교에서의 필수과목인 성공, 우정, 건강, 취미, 노년, 가정 등 우리가 삶을 살아가면서 추구하는 가치들과 또한 그로 인해 고민거리를 안겨주는 많은 인생 문제들에 대해 구체적인 삶의 경험을 통해 터득한 진리와 지혜로 답하는 글을 쓰는 사람입니다. 그렇기에 그는 만년 학생입니다. 우리 모두도 그렇습니다. 인생이라는 학교를 졸업하기까지 배움을 멈춰서는 안 됩니다. 아는 만큼 즐길 수 있다고 했습니다. 배우기를 좋아하는 학생일수록 삶의 풍요로움을 만끽할 수 있지 않을까요.

진정한 지혜

지혜란 것은 어떤 것을 무시해도 되는지 아는 것이다.

−윌리엄 제임스(William James, 미국의 심리학자·철학자)

내가 가야 할 길

한 가지 뜻을 세우고, 그 길로 가라.
잘못도 있으리라. 실패도 있으리라.
그러나 다시 일어나서 앞으로 나아가라.
반드시 빛이 그대를 맞이할 것이다.

-임마누엘 칸트(Immanuel Kant, 독일의 철학자)

진리는 제일 큰 조롱거리

어떠한 진리도 인정받기까지는 세 가지 단계를 거친다.
우선 조롱거리가 되고,
그 다음에는 반대에 부딪치다가
결국 자명한 것으로 인식된다.

-아르투르 쇼펜하우어

Life Lessons
유용한 상식과 쓸모없는 상식을 구별하기

월가의 인디애나 존스라고 불리며 세계적인 명성의 투자 전문가 중에서도 단연 독특한 이력을 자랑하는 전설적인 투자가 짐 로저스 Jim Rogers를 아시나요?

그는 세상이 모두 부러워할 만한 부와 명예를 동시에 거머쥔 사람 중 한 명으로 1980년에 공식적으로 은퇴 선언을 한 후 컬럼비아 대학교 경영 대학원에서 금융론을 가르쳤으며 금융관련 방송 프로그램을 진행했음은 물론, 평생의 꿈이었던 오토바이 세계일주에 나서 52개국에 걸쳐 약 16만 km를 주파해 기네스북에 오르기도 한 괴짜입니다.

그런 그가 노년에 딸을 얻었습니다. 모든 아버지가 그러하겠지만 로저스에게 딸은 세상에 둘도 없이 귀하고 보배로운 존재입니다. 문제는 이미 노년에 접어든 그의 나이를 생각할 때 딸과 함께할 시간이 많지 않다는 것이었습니다. 그는 딸에게 물려줄 막대한 유산만큼

이나 딸의 인생에 버팀목이 될 소중한 것을 물려주기로 결심합니다. 혹시라도 자신이 딸을 돌보지 못할 미래를 대비해서 그가 평생에 걸쳐 느낀 것들을 한 권의 책으로 정리하여 남겨 주기로 한 것입니다.

그 결과물이 바로 《딸에게 전하는 12가지 부의 법칙To My Beloved Daughter》입니다. 그는 딸이 살면서 꼭 명심해야 할 교훈들을 12가지로 정리했는데, 대부분이 그가 세계적인 투자가가 되기까지 쌓아온 인생의 경험에서 우러난 조언들입니다.

짐 로저스는 딸에게 넓은 세상을 경험하고 살아갈 것을 주문하며 "남들 하는 대로 따라하지 말고 네가 좋아하는 것에 집중하라"고 얘기합니다. 다소 철학적인 주문도 있지만 대부분이 실용적이며 정곡을 찌르는 교훈들로 소소하게는 "네가 걔네들을 필요로 하는 것보다 걔네들이 너를 훨씬 필요로 한다는 것을 절대 잊지 말아라."고 하며 딸이 앞으로 남자를 만날 때 주의해야 할 사항들까지도 짚고 넘어가고 있습니다.

그중에서도 짐 로저스가 가장 강조하는 삶의 원칙은 '상식은 그렇게 상식적이지가 않다.'는 사실입니다. 로저스는 딸에게 상식이란 그저 세상에 널려 있는 수많은 정보들 중 하나에 불과하다고 이야기 합니다. 가장 널리 인정받는 상식이 틀릴 수가 있으며, 현명한 사람이라면 유용한 상식과 쓸모없는 상식을 구별할 줄 알아야 한다고 주문하는 것입니다. 신문의 정보가 무조건 옳을 거라고 기대하지 말 것이며 성공하기 위해서는 상식이라 불리는 수많은 정보들 중에서 취해야 할 것은 취하고 아닌 것은 버릴 줄 아는 눈이 필요하다고 이야기하고 있습니다. 모든 정보를 의심해보고 타인이나 세상의 기준이 아닌 자신의 기준으로 정보를 선택해야 한다는 이야기입니다.

 이는 미국의 저명한 사회학자인 던컨 J. 와츠가 《상식의 배반Everything is obvious》이라는 책에서 사람들이 의심 없이 받아들이는 상식의 허점을 파헤치고 있는 것과 일맥상통합니다. 그에 따르면 상식이나 통념이 사람들을 배반하는 이유가 여러가지인데, 그 이유로는 '귀에 걸면 귀걸이, 코에 걸면 코걸이' 식의 끼워맞추기 해석의 탓이 있다고 합니다. 와츠는 말합니다.
 "자신의 믿음을 의심해 보는 것은 결코 쉬운 일이 아니지만 그것은 새로운 믿음, 보다 정확한 믿음을 형성하는 첫 걸음이다. 우리가 믿고 있는 모든 것이 옳을 가능성은 사실상 '제로'이기 때문이다."

 실례로 다 빈치의 그림 '모나리자'는 오늘날 거의 모든 사람이 인정하는 세계적인 명화입니다. 이것은 상식입니다. 원작 그림의 보험가격만 7억 달러로 세계 모든 그림의 보험가격을 웃돕니다. 그런데 다시 생각해 보면 우리가 이 그림을 세계적인 명화로 인정하는 근거가 너무나도 미약합니다.

1519년에 완성된 이후 모나리자는 수 세기 동안 프랑스 왕궁에 묻혀 있었습니다. 피에르 폴 프루동 등 미술사 강의실에나 들을 수 있는 다른 화가들의 작품에 비해 큰 주목을 받지 못했던 것이 사실입니다. 티치아노나 라파엘로 같은 거장의 작품 중엔 값이 모나리자의 열 배에 가까운 것도 있었습니다.

모나리자가 세계적으로 유명해지기 시작한 것은 20세기에 들어서였습니다. 그것도 미술비평가나 큐레이터 같은 전문가들의 혜안 덕분이 아니었다고 합니다. 다 빈치의 조국으로 가져가는 것이 마땅하다고 생각했던 이탈리아인이 이를 훔쳤다가 2년 후 발각된 사건이 계기가 됐습니다.

저자는 이와 같은 사실을 지적하면서 모나리자가 세계에서 가장 유명한 그림인 이유는 회화기법 등 자체의 속성이 아니라 모나리자다웠기 때문이라고 지적합니다. 이를 테면 'X가 성공한 것은 X에게 X의 속성이 있기 때문'이라는 순환논리에 빠진 것 때문이란 설명입니다.

또한 애플 신화를 일군 스티브 잡스를 예로 들면서 '위대한 경영자는 없다'고 단언합니다. 이유인즉 기업의 실적을 좌우하는 것은 최고경영자의 행동이 아니라 그가 통제할 수 없는 업계 및 경제 전반의 성과 같은 외적 요인이라는 근거에서입니다. 실제로 소니사가 애플의 아이팟 출시전략과 동일한 전략을 사용한 바 있지만 시장 상황 때문에 실패한 사례를 듭니다.

저자 왓츠의 말처럼 우리가 당연히 상식이라고 여기는 것들 중 대부분이 잘 생겼다는 이유로 똑똑하다고 보는 등 한 가지 특징을 다른 분야까지 확대하는 '후광 효과', 성공이 명성과 인정으로 이어지고 더 많은 기회와 자원이 몰려 다시 성공 가능성이 커지는 '마태효과'가 작용한 것은 아닐까요?

상식은 그렇게 상식적일까요? 대부분의 성공한 사업가들이 당시엔 전혀 성공할 것이라고 예상치 못했던 아이디어로 대박을 터뜨린 경우가 많은 것만을 봐도 우리가 '상식'이라고 부르고 있는 것들이 얼마든지 '비상식'적인 것으로 변할 수 있고 그 반대 또한 성립함을 잊어서는 안 될 것입니다. 아인슈타인도 다음과 같이 말한 바 있습니다.
"상식은 18세 때까지 후천적으로 얻은 편견의 집합이다."

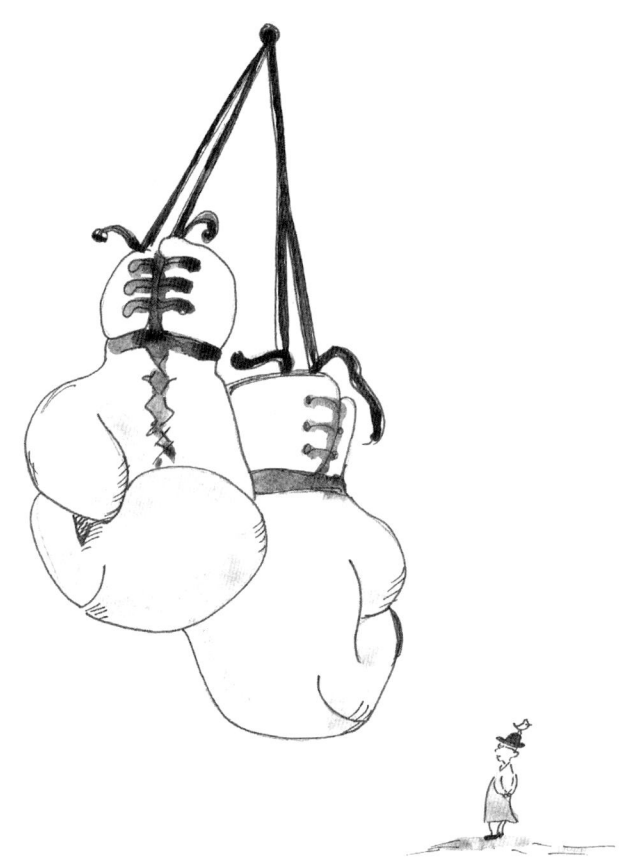

새벽이 준 선물

인생을 계획해야 한다. 싸우기 위해서도 준비해야 한다.
일단 싸움이 시작되면 반사적으로 움직일 수 있어야 한다.
노력만이 그것을 가능케 해준다.

당신이 새벽의 어둠 속에서 노력한다면
곧 밝은 빛 아래 있는 자신을 발견할 수 있을 것이다.

-조 프레이저(Joe Frazier, 미국의 권투선수)

하늘로부터 받은 세 가지 축복

가난, 허약함, 못 배움은 성공의 원천이었다.
가난은 부지런함을 낳았고,
허약함은 건강의 중요성을 깨닫게 해주었고,
못 배웠다는 사실 때문에 누구에게서라도 배우려고 하였다.

-마쓰시타 고노스케

세상에서 가장 값진 일

남의 책을 읽는데 시간을 보내라.
남이 고생한 것에 의해 쉽게 자기를 개선할 수 있다.

-소크라테스(Socrates)

Life Lessons
당신을 바꿀 한 권의 책

아인슈타인, 뉴턴, 처칠, 에디슨 등이 유년기에는 사고뭉치 취급을 받는 소년들이었다고 합니다. 그들이 천재로 탈바꿈한 비결은 무엇일까요?

둔재들만 가던 소문난 삼류학교 '시카고 대학'이 노벨상 왕국이 된 사연을 아시나요?

카네기, 워렌 버핏, 이병철, 정주영이 황금 손이 될 수 있었던 까닭은 어디에 있을까요?

알렉산더, 세종과 정조, 당 태종과 도쿠가와 이에야스 등 희대의 국가 경영자들의 공통점은 무엇일까요?

우리나라의 대표적인 자기계발서 작가 이지성은 《리딩으로 리드하라》를 통해 이 모든 궁금증의 해답을 밝혀냈습니다. 그 비밀은 모두 인문고전 독서에 있었다고 합니다.

《리딩으로 리드하라》는 고대부터 현대까지 인류 역사를 움직여 온 위대한 개인, 조직, 국가 뒤에는 항상 탄탄한 인문고전 독서교육이 자리하고 있었음을 밝히고 그 중요성을 역설하며 기존의 방식을 훌쩍 뛰어넘어 새로운 영역을 창조해온 천재들의 독서법을 공개하는 책입니다.

"인문고전을 읽는다는 것은 단순히 책을 읽는 게 아니라 천재의 두뇌에 직접 접속하는 것이라는 깨달음을 얻고 이를 실천하자 돌덩이 같던 두뇌가 정말로 서서히 변하기 시작했다……. 인문고전 독서는 두뇌에 특별한 기쁨을 가져다준다. 물론 처음에는 고되다. 이루 말할 수 없이 힘들고 어렵다. 단어 하나, 문장 하나를 이해하지 못해 진도가 일주일 또는 한 달씩 늦어지는 경우가 다반사다. 하지만 어느 지점을 넘기면 고통은 기쁨으로 변한다. 인류의 역사를 만들어온 천재들이 쓴 문장 뒤에 숨은 이치를 깨닫는 순간 두뇌는 지적 쾌감의 정점을 경험하고, 그 맛에 중독된다. 그리고 서서히 변화하기 시작한다. 뻔한 꿈밖에 꿀 줄 모르고 평범한 생각밖에 할 줄 모르던 두뇌가 인문고전 저자들처럼 혁명적으로 꿈꾸고 천재적으로 사고하는 두뇌로 바뀌기 시작한다."

이처럼 저자는 인문고전 독서를 통해 동서고금이 전하는 부와 성공, 지혜의 원천을 만날 수 있다고 설명합니다. 한 권의 책에는 지은이가 평생을 걸쳐 얻은 깨달음이 고스란히 녹아있기 마련이기 때문에 고전필독서로 손꼽히는 책들을 읽는 것은 바로 그 성인들의 두뇌에 직접 접속하는 것과 다를 바 없다는 것입니다. 그렇다면 인문고전을 어떻게 읽어야 할까요? 저자는 다음과 같은 7가지 방법을 제시하고 있습니다.

1. 온 마음으로 사랑하라
2. 맹수처럼 덤벼들어라
3. 자신의 한계를 뼈저리게 인식하라
4. 위편삼절韋編三絶, 책이 닳도록 읽고 또 읽어라
5. 연애편지를 쓰듯 필사하라
6. 통通할 때까지 사색하라
7. '깨달음'을 향해 나아가라

인문고전 독서가 세계 상위 1% 천재들의 뇌와 접속하는 방법이라면 동시대를 살아가는 작가들의 책을 운명처럼 만남으로써 진정한 깨달음을 얻고 삶의 스승으로 여길 만한 지침으로 삼은 사람들도 있습니다.

《내 인생을 바꾼 한 권의 책》은 스티븐 코비, 잭 캔필드, 존 그레이 등 세계적 명사들의 인생을 바꾼 한 권의 책에 대한 에세이로 이들이 우연찮게 만나게 된 책 한 권을 통해 얼마나 큰 삶의 기쁨을 누렸는가를 풀어내고 있는 책입니다.

48명의 세계적인 유명인들이 추천하는 48권의 책 중에는 누구나 들어봤을 법한 유명한 책도 있지만 그렇지 않은 책들도 많습니다. 중요한 것은 유명하지 않은 무명작가의 책일지라도 그 한 권의 책이 한 사람의 마음에 깨달음의 불씨를 지폈다는 사실입니다.

천재 과학자로 손꼽히는 뉴턴도 자신의 성공비결을 묻는 질문에 이렇게 대답한 바 있습니다.

"내가 오늘날과 같은 업적을 남길 수 있었던 가장 큰 이유는 거인의 어깨 위에 올라서서 더 넓은 시야를 가지고 더 멀리 볼 수 있었기 때문입니다."

뉴턴은 선대과학자들의 업적을 거인에 비유한 것입니다. 뉴턴에게는 독서가 거인의 어깨 위에 올라서는 방법의 동의어였습니다. 독서야말로 인간이 축적한 지식을 언제든 마음껏 손에 넣을 수 있는 가장 쉽고 확실한 방법이었기 때문입니다. 또한 시공간을 초월하여 언제든 원하는 때에 각 분야의 거인들을 만날 수 있는 방법이었습니다. 다양한 분야의 독서를 거치지 않고 거장이 된 사람은 없습니다. 거인의 어깨 위에 올라서려면 각계각층의 거인들이 써놓은 책들을 많이 읽음으로써 어떠한 문제 앞에서도 본질을 꿰뚫어 볼 수 있는 통찰력을 키워야 합니다.

이 책을 읽고 있는 당신은 어떻습니까? 당신이 가장 좋아하는 책은 무엇이며 그 책은 당신의 삶에 어떤 영향을 끼쳤나요? '당신이 읽고 있는 것이 당신이 된다'는 말처럼 지금 읽고 있는 이 책 또한 당신의 삶에 깨달음과 기쁨을 가득 안겨주는 삶의 이정표가 되기를 기원합니다.

Part 5

사랑이 인생이다

"Love is life"

인생을 가장 행복하게 만드는 것

인생에서의 진짜 행복은
사랑받고 있다는 확신이다.
우리 자신으로서-
더 정확하게는, 우리 자신임에도 불구하고.

-빅토르 위고(Victor Hugo, 프랑스의 소설가)

우리는 왜 사랑에 빠질까

누군가로부터 사랑을 받는다는 것은
둘 다 똑같은 의존적 요구들을 공유하고 있음을 깨닫는 것이다.
애초에 우리는 그 요구 때문에 상대에게 끌렸다.
우리 내부에 부족한 것이 없다면 우리는 사랑하지 않을 것이다.

-알랭 드 보통(Alain de Botton), 《왜 나는 너를 사랑하는가》 중에서

목적으로서의 사랑

미성숙한 사랑은 말한다.
"당신이 필요하기 때문에 당신을 사랑한다"고.

성숙한 사랑은 말한다.
"당신을 사랑하기 때문에 당신이 필요하다"고.

-에리히 프롬(Erich Fromm, 독일의 사회심리학자)

Life Lessons
사랑에도 '끌어당김의 법칙'이 있다

우주의 질량을 가진 모든 물체는 서로 끌어당기는 힘을 갖고 있습니다. 이것이 뉴턴이 발견한 만유인력의 법칙입니다. 공전의 베스트셀러가 된 《시크릿》이란 책에서는 물질 뿐만 아니라 우리가 하는 생각도 만유인력의 법칙 속에 있음을 주장합니다. 그래서 긍정적인 생각을 하는 사람은 긍정적인 결과를 끌어당기고 부정적인 생각을 하는 사람에게는 부정적인 결과가 현실로 나타난다는 것입니다.

그렇다면 수많은 연인들의 골머리를 썩게 만드는 '사랑'에도 '끌어당김의 법칙'이라는 것이 작용할까요? 사랑은 무엇이며 어떻게 시작되고, 왜 우리들은 '사랑' 때문에 그토록 기뻐하고 때로는 죽을 만큼 고민에 빠지는 걸까요?

20세기에 이르러 가장 주목 받는 사랑 연구는 인류학과 뇌과학의 관점에서 이뤄지고 있는 인류학자 헬렌 피셔Helen Fisher의 '낭만적인 사랑Romantic Love'에 대한 연구입니다. 피셔는 '왜 사람들이 사랑에 빠지는가'를 주제로 6년에 걸쳐 지독한 사랑에 빠진 남자와 여자의 뇌를 검사하여 이를 연구하고 기록해온 사랑연구 전문가입니다. 피셔는 사랑에 빠진 상태란 실제로 뇌에서 다양한 화학물질이 마구 쏟아져 나와 화학물질의 파도에서 헤어나지 못하고 있는 상태라고 결론 내렸습니다.

런던칼리지유니버시티의 세미르 제키Semir Zeki교수도 최근 6~12개월 사이에 사랑에 빠진 대학생 17명의 뇌 활동을 분석한 결과 이들의 전두피질 등 뇌의 네 군데가 활성화 된 것을 발견했습니다. 재미있는 사실은 이것이 사람이 마약에 도취되어 있을 때 활성화되는 뇌 부위와 정확히 일치했다는 것입니다.

결국 사랑을 연구하는 일련의 학자들이 내놓은 '사랑'이라는 감정의 실체에 대한 답은 우리가 생각하는 '낭만적인 사랑'과는 거리가 먼 것입니다. 이와 마찬가지로 사랑의 시작에 대해서도 학자들은 흥미로운 대답을 내놓습니다. "왜 사랑이 시작되는가?"라는 질문에 대해 여기에는 '끌어당김의 법칙'과도 같은 아주 특별한 사랑의 공식이 있다고 이야기합니다.

그 중 가장 흥미로운 것이 바로 사랑에 빠진 사람에게서 보이는 신체적인 현상입니다. 가슴 두근거림, 빨라지는 심장, 체온의 상승과 땀이 나는 상태 등은 사랑이란 감정의 결과인 동시에 시작이 되기도 했습니다. 사랑이란 감정과 신체적 반응의 상관관계는 닭이 먼저냐 계란이 먼저냐와 같았다는 것입니다.

이런 현상을 증명한 연구 결과 중 하나가 '위험한 다리' 실험입니다. 심리학자들은 실험 참가자들을 둘로 나눠 한 편은 강을 가로질러 있는 밧줄로 연결된 흔들거리는 다리 위로 보냈습니다. 조금만 잘못하면 떨어질 것 같은 위험한 다리에서 그들은 매력적인 여성을 만나 인터뷰를 하도록 안배되어 있었습니다. 다리 중간에서 만난 아름다운 여성은 실험 참가자들로 하여금 짧고 재미있는 이야기를 하나 적어 달라고 부탁했고, 이야기를 받은 후에는 자신의 전화번호라며 이 실험에 대해 무엇이든 궁금한 점이 생기면 연락하라는 당부를 남겼습니다. 심리학자들은 이와 반대되는 상황도 설정했습니다. 똑같은 강에 있는 낮은 높이의 좀 더 견고한 다리로 나머지 실험 참가자들을 보냈습니다. 그리고 매력적인 여성으로 하여금 위험한 다리에 있던 참가자들에게 했던 것과 똑같은 인터뷰를 시켰습니다. 이 두 집단의 반응은 어떻게 달랐을까요?

위험한 다리에서 매력적인 여성을 만난 참가자들은 대부분 성적인 내용이 담긴 매력적이고 재미있는 스토리를 적어냈습니다. 그리고 이들 중 대다수가 다리에서 만났던 여성에게 전화를 걸어 실험에 대한 질문이 있다며 만날 것을 요청했다고 합니다.

반대로 보다 견고하고 위험도가 낮은 다리에서 여성을 만난 참가자들은 지루하고 딱딱한 스토리를 적어 냈으며 인터뷰를 요청한 여성에게 전화를 건 경우도 드물었습니다. 똑같은 여성에게 인터뷰 요청을 받았지만, 흔들리는 위험한 다리 위라는 상황이 그들로 하여금 심장박동이 빨라지게 했고, 손에 땀을 쥐게 했으며 정신을 멍하게 만들었습니다. 위험한 다리 위에 있던 참가자들은 자신이 느끼는 이러한 신체반응을 사랑에서 오는 신체반응과 동일하게 생각한 것입니다. 그래서 인터뷰를 요청한 여성에게 매력을 느끼고 첫눈에 반했다고 생각하기에 이르렀습니다.

위험한 다리 실험은 '몸이 먼저인가 마음이 먼저인가?'라는 오래된 질문의 수수께끼의 답이 될듯합니다. 몸과 마음은 따로 떼어서 생각할 수 없는 것이었습니다. 몸의 반응이 마음을 불러오는 동시에 마음의 변화가 몸을 반응하게 만드는 것이 바로 사랑인 것입니다.

물론 이외에도 사랑을 시작하게 만드는 요소들은 우리의 삶 곳곳에 숨어 있습니다. 그 중 하나가 '근접성'입니다. 세상에는 수백, 수천만의 잠재적인 상대가 있지만 우리가 일생을 살면서 자주 보게 되는 것은 이 중 극히 일부이고, 그들은 사실 우리 주변에 있는 사람들입니다.

실제로 미국의 사회학자 J.H. 보사드Bossard는 필라델피아에서 결혼한 남녀 500쌍의 호적을 조사해서 연구한 결과 조사 대상자의 45퍼센트가 5블록 이내 거리에 살고 있었으며, 거리가 멀수록 결혼 확률이 떨어진다는 '보사드의 법칙'을 발표한 바 있습니다. 큐피드의 화살은 결코 멀리 날아가지를 못한다는 것입니다.

사랑이 종종 인연이라는 말과 함께 설명되어지는 것도 이런 근접성이라는 요소 때문입니다. 같은 지역, 같은 학교, 같은 직장, 혹은 같은 모임에서 자주 만날 기회를 갖는 다는 것은 사랑으로 발전할 수 있는 계기가 됩니다. 이것을 인연이라고 설명할 수도 있지만 또 다른 면에서는 다른 사람을 좋아하게 되는 이유 중 하나가 그저 그 사람과 많이 접촉한다는 것 외에는 아무것도 아닐 수 있습니다.

이뿐만이 아닙니다. 사랑의 시작은 진화론적으로도 설명이 가능합니다. 다른 모든 조건이 동등하다면 자신과 보다 비슷한 사람에게 끌리는 것이 사랑입니다. 이는 사람이 진화를 거듭하면서 유전적으로 비슷한 짝을 만났을 때 자연유산을 경험하는 경우가 적으며 더 건강한 아이를 많이 낳는데서 비롯되었다고 합니다. 하지만 너무 똑같으면 이로울 것이 없기 때문에 인간은 자신과 비슷하면서도 약간 다른 상대를 선택하게 됩니다. 유유상종이란 말처럼 누군가에게 매력을 느낀다는 것은 그 사람이 나와 매우 비슷하면서도 낯익지 않았을 때 일어나는 현상이라는 것입니다.

사랑에 있어 '끌어당김의 법칙'은 이처럼 우리의 마음이 우리를 속이는 현상이자 유전적으로 프로그래밍 된 진화의 결과이며, 우리의 뇌가 화학물질로 범벅이 된 현상이라고 할 수 있습니다. 그렇다면 사랑이란 결국 하나의 착각이며 환상에 불과한 것일까요?

학자들이 밝혀낸 결론은 식상하지만 아름답습니다. 사랑은 착각에서 시작될 수 있는 감정이며 진화적으로 더 나은 2세를 얻기 위해 계획된 운명임을 부인할 수 없지만, 이를 영원한 사랑으로 발전시키고 유지해 나가는 데는 개개인의 의지와 노력이 중요하다는 것입니다. 사랑이 아름다운 이유가 바로 여기에 있습니다. 그래서 시인 도종환은 산문집 《사람은 누구나 꽃이다》에서 다음과 같이 썼습니다.

> 우리는 모두 특별한 사랑을 꿈꾼다.
> 특별한 사람을 만나 특별한 사랑을 하기를 꿈꾼다.
> 나를 특별히 사랑해 주는 사람이 나타나기를 바란다.
> 그러나 특별한 사랑은
> 특별한 사람을 만나 이루어지는 게 아니라
> 보통의 사람을 만나
> 그를 특별히 사랑하면서 이루어지는 것임을.

사랑한다면 이들처럼

사랑받고 싶으면 먼저 사랑하라.
그리고 사랑스러워지라.

-벤자민 프랭클린

내가 살아가는 이유

만약 내가 어떤 이의 가슴이 부서지는 것을
멈추게 할 수 있다면
나 헛되이 사는 것은 아니리.

만약 내가 한 생명의 아픔을
진정시킬수 있다면
혹은 고통 하나를 가라앉힐 수 있다면
혹은 실낱같이 숨쉬는 올새 한 마리를 다시 둥지로 가게 할 수 있다면
나 헛되이 사는 것은 아니리.

-에밀리 디킨슨(Emily Dickinson, 미국의 시인)

사랑이 위대한 이유

아무나 위대한 일을 할 수 있는 건 아니다.
하지만 위대한 사랑으로 작은 일을 할 수는 있다.

−마더 테레사(Mother Teresa)

Life Lessons
'마더 테레사 효과'가 알려주는 건강한 삶의 비결

　1998년 미국 하버드 대학교 의과대학에서 흥미로운 실험이 시작됐습니다. 무작위로 선정된 학생들을 모아 마더 테레사의 일대기를 그린 영화를 보게 한 것입니다. 특이한 것은 하버드대 연구진이 이들의 침을 검사해 영화를 보기 전과 후를 비교했다는 점입니다. 그러자 놀라운 결과가 나왔습니다.

　원래 사람의 침에는 면역항체인 'Ig A'라는 수치가 들어 있는데 근심이나 긴장상태가 지속되면 침이 말라 이 항체가 줄어듭니다. 그런데 마더 테레사의 봉사활동과 남을 위해 선한 일을 행한 것을 보는 것만으로도 학생들의 침에서 나온 면역항체가 뚜렷이 증가하는 경향을 보였습니다.

　하버드대 연구진은 테레사 수녀처럼 남을 위한 봉사활동을 하거나 선한 일을 보기만 해도 인체의 면역기능이 크게 향상되는 현상을 일컬어 '마더 테레사 효과'라고 이름 붙였다고 합니다.

　이와 비슷한 현상으로 '헬퍼스 하이Helper's high'라는 것이 있습니다. 남을 돕는 봉사를 하고 난 뒤에는 거의 모든 경우 심리적 포만감이라고 부르는 '하이'상태가 며칠 또는 몇 주 동안 지속되는 현상을 일컫는 말입니다. 의학적으로도 혈압과 콜레스테롤 수치가 현저히 낮아지고 엔돌핀이 정상치의 3배 이상 분비되어 몸과 마음에 활력이 넘치게 된다고 합니다.

실제로 미시간 대학교의 심리학 교수 스테파니 브라운 박사는 볼티모어에서 5년 동안 432쌍의 장수한 부부를 상대로 조사를 실시하고 이들에게서 공통점을 발견했습니다. 그들 중 대부분의 사람들(여성의 72%, 남성의 75%)이 아무 대가 없이 베풀어주는 삶을 살고 있었다는 사실입니다. 이 연구를 통해 브라운 박사는 다음과 같은 결론을 내렸습니다.
"남을 위해 나누어주고 베푸는 삶을 사는 사람은 그렇지 않은 사람보다 오래 살 확률이 2배가 높다."

결국 타인을 나처럼 사랑하고 돌본다는 '나눔'과 '봉사'는 바로 '남'을 위한 것이기도 하지만 동시에 '나'를 위한 것임을 알 수 있습니다. 나눌수록 줄지 않고 더 많아진다는 '나눔의 역설'은 결코 빈말이 아닌 것입니다. 인생에서의 기쁨과 행복은 바로 이럴 때 나타나기 때문입니다. 이는 우리시대의 가장 위대한 성인 중 한 분으로 손꼽히는 부처님의 일화에서도 잘 나타납니다.

부처님께서 카필라 국의 니그로다 동산에 계실 때였습니다. 부처님의 양모였던 마자파자파티 비구니가 새로 만든 비단옷을 가지고 부처님께 공양을 올리려던 참이었습니다.

"세존이시여, 부처님께 드리려고 손수 만든 비단 옷입니다. 이것을 받아 주시어 공덕을 쌓게 하소서."

그러나 부처님께서는 이렇게 말씀하셨습니다.

"그 옷을 대중에게 보시하시오. 그 공덕은 내게 공양한 것과 다름이 없습니다."

마하파자파티 비구니가 세 번 씩이나 청했으나, 부처님은 세 번이나 같은 말씀을 하셨습니다.

"사람을 가리지 말고 평등한 마음으로 골고루 보시하라. 그러한 공덕은 내게 보시한 공덕과 다름이 없느니라."

오늘날 우리들이 '마더 테레사 효과'라고 부르며 이야기하는 봉사와 타인을 구분하지 않고 베푸는 사랑의 효과를 옛 성인들은 이미 깨닫고 있었던 것 같습니다. '나'와 '남'의 구분없이 사랑을 베풀라는 것이 말이 쉽지 실천하기는 어려운 일이라고 생각하기 쉽지만 조금만 생각을 바꾸면 그리 어려운 일도 아닙니다. 지금부터라도 내 가까이에 있는 가족, 그리고 친구들에게 베풀고 그들을 행복하게 하는 일로부터 시작해보면 됩니다.

내 주위의 사람들이야말로 나와 다를 것없는 내 몸같은 존재들입니다. 가족의 경우는 더욱 그렇습니다. 나와 유전자를 함께 공유하고 있는 사람들이니 내 몸과 같다는 말이 틀리지 않습니다. 이러한 사랑과 나눔이 가족으로부터 시작하여 친구로 그리고 이웃으로 한 단계씩 퍼져 나갔을 때 우리의 인생이 그리고 더 나아가서는 세상이 사랑과 행복으로 물들 수 있을 것입니다.

나는 왜 사랑을 찾아 헤메었나

나는 사랑을 찾아 헤매었다.
첫째는 그것이 황홀함을 가져다주었기 때문이다.
그 황홀함은 너무나 찬란해서 몇 시간의 즐거움을 위해
남은 생애 전부를 희생해도 좋다는 생각마저 가끔 들게 했다.

둘째는 사랑이 고독감을 덜어주었기 때문이다.
하나의 떨리는 의식이 이 세상 너머로 차갑고 깊이를
알 수 없는 무생명의 심연을 바라보는 그 무서운 고독감을
사랑이 덜어줬다.

마지막으로 사랑의 결합 속에서 성자와 시인들이
상상 속에서 그려낸 천국의 모습을 신비로운 축소판으로
미리 보았기 때문이다.
그래서 나는 사랑을 찾아 헤메었다.

-버트란드 러셀(Bertrand Russell, 영국의 철학자)

결혼의 효용

결혼이 대단한 점은
사람으로 하여금 외로움을 느끼지 않고
혼자 있을 수 있게 해준다는 것이다.

-제럴드 브레넌(Gerald Brenan, 영국의 작가·역사학자)

그래도 결혼해야 하는 이유

결혼생활엔 많은 고통이 따르지만
독신생활엔 아무 즐거움이 없다.

-새뮤얼 존슨(Samuel Johnson, 영국의 시인·평론가)

사랑의 상대성

멋진 여자와 연애하고 있을 때는
1시간이 마치 1초처럼 흘러간다.
뜨거운 숯 위에 앉아 있을 때는
1초가 마치 1시간처럼 흘러간다.
그것이 상대성이다.

-알버트 아인슈타인

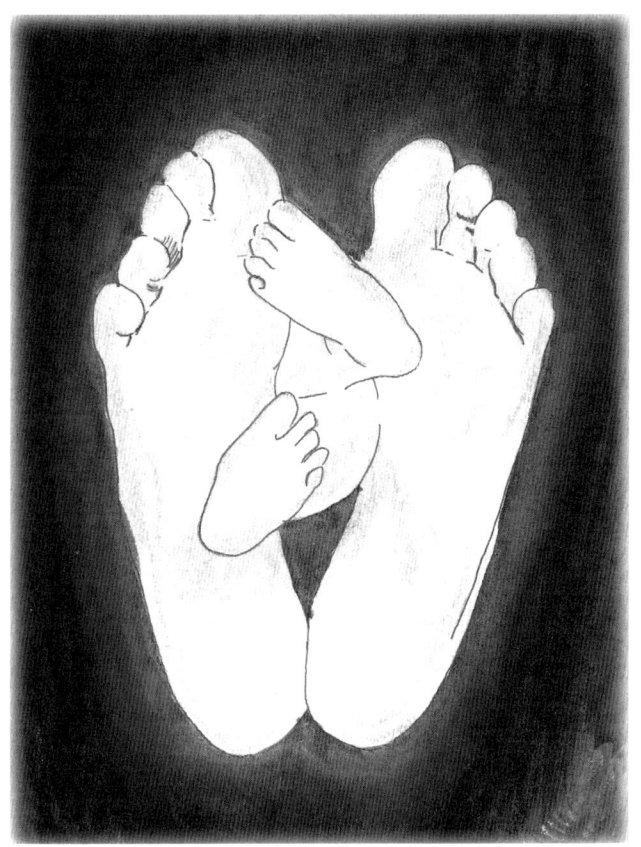

결혼의 가치

결혼의 가치는 어른이 아이를 만드는 데 있지 않고
아이가 어른을 만드는 데 있다.

-피터 드 브리스(Peter de Vries, 미국의 소설가)

Life Lessons
사랑의 유효기간을
'영원'으로 설정하는 방법

 왜 수많은 연인들이 헤어지고 만나고 다시 헤어지고 만남을 반복하는 것일까요? 결혼을 해서 아이를 둔 부부들조차도 헤어지고 다시 만나기를 반복합니다. 우리 모두는 낭만적이고 영원한 사랑을 꿈꾸지만 그런 사랑은 오직 영화나 소설에서만 존재하는 듯 여겨질 때가 많습니다. 그렇다면 왜 사랑은 변하는 것일까요? 사람이 변하는 것일까요? 아니면 사랑이 변하는 것일까요?

 이를 궁금히 여긴 코넬 대학 인간행동 연구소의 신시아 하잔Cynthia Hazan박사는 열정적인 사랑의 유효기간에 관한 대규모 역학조사를 벌여 전 세계 언론의 주목을 끌었습니다.
 하잔 박사의 연구에 따르면 열정적으로 사랑하고 있는 사람의 뇌에서는 행복호르몬으로 불리는 세로토닌과 도파민이 쏟아져 나오는 상태입니다. 그래서 잠을 자지 않아도 졸린 줄을 모르고 밥을 먹지 않아도 배고픈 줄을 모를 정도로 연인에게 집중하게 됩니다. 그런데 실험결과 안타깝게도 뇌에서 분비되는 마약과 같은 수많은 화학물질들은 오로지 19~30개월, 평균적으로 900일밖에 지속되지 못했습니다. 우리 뇌는 900일쯤이 되면 이런 화학물질들에 대해 내성이 생기기 때문입니다. 그야말로 눈에 쓰인 콩깍지가 벗겨지는 순간이 오는 것입니다. 이때가 바로 '사랑이 변하는' 시기가 됩니다.

900일의 열정적인 사랑의 폭풍이 지나고 나면 서로를 현실적으로 보게 되고, 남자와 여자에서 벗어나 인간 대 인간으로 대하게 됩니다. 그렇다면 왜 사랑의 유효기간은 겨우 900일에서 멈추게 되었을까요?

이는 진화론적인 관점에서 분석해 볼 수 있다고 합니다. 아무리 좋은 관계일지라도 2~3년 동안을 함께 지낸 후에는 서서히 멀어지기 시작하는데, 여기에는 충분한 생물학적인 이유가 있다는 것입니다.

만약 인간이 평생 동안 열정적인 사랑에 빠져 있다면 그 자체로서 엄청난 에너지 낭비이자 신진대사라는 면에서도 값비싼 대가를 치루는 셈이기 때문입니다. 과도한 성생활로 기진맥진해 질 것은 물론 돈을 벌지도 못할 것입니다. 아이를 돌보는 일도 하지 않을 것이고 공부를 하기도 힘들만큼 열정적인 사랑은 강렬한 경험입니다. 따라서 평생 사랑에 빠져 지낸다는 것은 생물학적으로, 진화론적으로 비효율이며 생존을 위협하는 일이 될 수 있는 것입니다.

그렇다면 900일도 길지 않을까요? 열정적인 사랑은 그 기간이 짧으면 짧을수록 효율적인 것은 아닐까요?

이에 대해서 학자들은 "결코 그렇지 않다"고 대답합니다. 사랑의 유효기간이 짧을수록 더 많은 파트너를 만들 수 있고 더 효율적으로 번식할 수 있을지는 모르나 이는 2세를 낳고 키우는 시간을 염두에 두지 않는 발상이기 때문입니다.

　인간은 장기적인 관계를 염두에 두고 사랑에 빠진 것이 아니라 남녀가 만나 2세를 낳을 때까지만 함께 있는 것에 중점을 둬 왔다고 합니다. 열정적인 사랑이 지속되는 18개월에서 30개월 동안은 수태해서 임신하고 수유하는 데까지 필요한 기간과 일치합니다. 다시 말해 18개월에서 30개월은 열정적 사랑의 유효기간이자 인간 생식주기의 평균적인 시간인 것입니다. 이 기간은 대부분의 사람들이 자식을 낳아서 아이가 어느 정도 부모의 보호에서 벗어나 사회 구성원으로서 보호받을 수 있을 때까지 걸리는 시간인 셈입니다.

　신시아 하잔 박사 연구진이 집중한 것은 900일 이후에도 지속되는 사랑의 정체였습니다. 열정적인 사랑이 식은 후에도 좋은 관계를 유지하며 해마다 상대방을 더 사랑하고 있다는 커플들에 대해 연구했습니다. 결과는 어땠을까요?

　놀랍게도 40년, 50년간 행복한 결혼생활을 한 노부부들의 경우 처음 만나 구애를 하던 때로 돌아가는 경향을 보였다고 합니다. 상대방의 부정적인 요소는 최소화하고 장점을 높이 평가했던 그때로 되

돌아간 것입니다. 그런데 이번에는 상대방을 처음 만났던 그때처럼 상대방에 대해 무지한 상태가 아닙니다. 노부부들이 가지고 있는 상대방에 대한 이해는 그 사람에 대한 진정한 지식에 기초한 것이었습니다.

하잔 박사의 연구팀은 사랑의 유효기간을 '영원'으로 설정해 놓은 커플들은 900일간의 열정적 사랑의 기간 동안 '애착'과 '유대'라는 끈끈한 관계 설정에 성공한 경우라고 평가합니다. 뇌에서 분비되는 화학물질의 도움 없이 진화를 거듭해오면서 갖게 된 번식의 욕망 없이 서로를 진심으로 이해하고 친밀한 애착을 형성해 나가는 것은 순전히 두 사람 만의 몫입니다.

열정적인 사랑의 기간 동안 어떤 커플들은 이것에 성공하고 또 다른 커플들은 실패합니다. 물론 성공하는 커플들은 그만큼 끊임없는 노력을 통해 상대를 이해하고 애착관계가 형성되도록 상대방의 입장에서 생각하는 경향을 보였습니다.

두 번째 봄날이라고 할 수 있는 애착단계의 사랑은 편안함과 안정감이라고 표현되는 감정이며 열정적인 사랑에 비하면 그 열기는 훨씬 덜합니다. 하지만 한 번 애착관계가 형성되고 나면 그 힘이 너무도 강해서 만약 배우자와 사별 등의 뜻하지 않은 이별을 했을 경우 남은 배우자의 건강과 면역체계에까지 영향을 준다고 합니다. 평생을 함께 한 노부부가 짧은 간격을 두고 연달아 사망하는 일이 생기는 이유입니다.

결국 사랑이란 화학반응이고 뇌의 중독현상이며 인류가 한 파트너에 집중하여 아이를 낳고 키우며 대를 이어가기 위해 생겨난 900일간의 폭풍에 불과합니다. 하지만 사랑의 유효기간을 영원으로 설정한 사람들에게 이것은 하나의 과정일 뿐입니다.

우리가 꿈꾸는 완벽하고 운명적이며 진정한 사랑은 오히려 900일간의 폭풍이 지난 후에나 찾아오는 진정한 노력의 결실입니다. 인생이라는 긴 여정을 통해 상대방을 진정으로 이해하고 또 다른 나로 받아들였을 때만 완성시킬 수 있는 인생에서 가장 위대한 선물인 것입니다.

Part 6

살만한 게 인생이다

"Life is worth living"

성공의 잣대

인생의 궁극적인 성공이란
당신의 배우자가 해가 갈수록
당신을 더욱 좋아하고 존경하는 것이다.

-짐 콜린스(Jim Collins, 미국의 경영학자)

성공의 정의

성공이란 자주 그리고 많이 웃는 것,
지성 있는 사람들로부터 존경을,
그리고 아이들로부터는 애정을 받는 것,
정직한 비평가들로부터 평가를 받고,
거짓된 친구들의 배신을 참아내는 것,
아름다움을 감상하고,
타인들이 가진 최상의 것을 발견하는 것,
세상을 조금 더 좋은 곳으로 만드는 것,

그것이 한 건강한 아이를 낳거나,
한 떼기 정원을 가꾸거나,
사회환경을 회복하는 것이거나 간에
당신이 살았기에 단 한 생명이라도
더 편히 숨 쉬었다는 것을 아는 것,
이것이 성공된 삶을 살았다는 것이다.

-랄프 월도 에머슨(Ralph Waldo Emerson, 미국 사상가 • 시인)

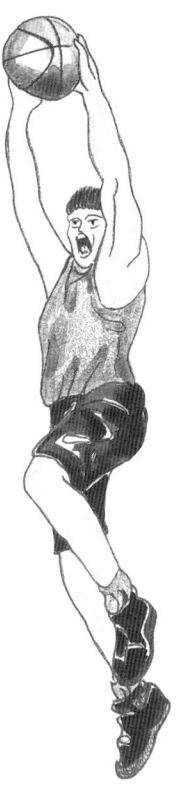

인생을 걸작으로 만드는 방법

우승을 성공으로 정의한다면
대부분의 선수에게 한 해는 실패가 될 것이다.
다른 사람이 정해준 성공을 위해 애쓰다보면
항상 좌절하기 마련이다.
거기서 벗어나는 방법은 스스로 성공을 정의하는 것이다.
성공하기 위해서는 마음속 깊은 곳에서
당신을 움직일 수 있는 열정이 있어야 한다.

나는 최선을 다해 지도하고,
어떤 일을 하고자 하는 열정이 있다.
또한 우리 팀이 나날이 나아지길 원한다.
그리고 나 혼자 간직하는 목표가 있는데
그것은 지속적인 우수성을 추구하는 것이다.
나는 코트에 설 때마다 완벽한 경기를 하고 싶다.
또 경기 한 게임 한 게임이 걸작이 되길 원한다.

-마이크 크루지제프스키(Mike Krzyzewski, 미국 듀크대학교 농구 감독)

Life Lessons
성공과 실패를 가르는 가장 중요한 요소

세계최고의 대학이라고 불리는 하버드는 물론 스탠퍼드, 예일 등 아이비리그 명문대학들을 제치고 대학평가 1위를 당당히 차지한 학교가 있습니다. 바로 미국의 웨스트포인트Westpoint사관 학교입니다. 2009년 미국의 대표적인 경제지 〈포브스〉가 전국 600여 개 대학을 대상으로 학부 졸업률, 학생 및 교수진의 수상경력, 국내외 인지도, 강의 만족도, 졸업 시 평균 학자금, 부채 그리고 졸업 후 평균 급여 등을 평가 기준으로 삼아 대학 순위를 매긴 결과였습니다.

미국 최고의 대학으로 인정받는 만큼 웨스트포인트에 입학하는 젊은이들은 한마디로 '엄친아', '엄친딸'들입니다. 우수한 학업 성적과 건강한 신체는 기본이며 화려한 수상경력과 함께 주목할 만한 사회 활동을 해온 젊은이들이 부푼 꿈을 안고 웨스트포인트에 입학합니다. 그들은 이곳에서 뜻 깊은 4년의 시간을 보낸 후 사회에 나와 미국을 이끌어갈 리더로 자리매김합니다. 졸업생 가운데는 율리시스 그랜트 대통령과 드와이트 아이젠하워 대통령, 더글러스 맥아더 장군,

조지 S. 패튼 장군, 노먼 슈워츠코프 장군과 같은 저명한 정치가나 고위 장성은 물론 세븐 일레븐의 최고 경영자 자리에 오른 조세프 드 피토에 이르기까지 이름만 들어도 알만한 사회 각 분야 리더들을 쉽게 찾아볼 수 있습니다.

그런데 이렇게 유서 깊은 명문학교에도 말 못할 고민거리가 한 가지 있다고 합니다. 인기 순위는 물론 대학평가에서도 1위를 달리는 웨스트포인트 이지만 첫 학기 수업이 미처 시작되기도 전에 상당한 숫자의 신입생들이 자진해서 학교를 떠나는 일이 반복되고 있다는 사실입니다. 엄청난 경쟁률을 뚫고 합격한 우수한 인재들 중 무려 5%가 일명 '비스트 배럭스Beast Barracks, 야수 막사)'라 불리는 생도 기초훈련Cadet Basic Training을 받다가 중도에 하차하고 맙니다.

비스트 배럭스는 1학년 과정이 시작되기 전 첫 여름에 실시하는 훈련으로 새벽부터 밤늦게까지 학생들의 육체적, 감정적, 정신적 능력의 한계를 시험하는 훈련입니다. 우수 장교의 양성이 목적인 웨스트포인트 만큼 강도 높은 수업량과 체력단력을 '끝까지 해낼 수 있는' 학생을 가려내기 위해 고안한 것이었습니다. 그런데 아쉽게도 20명 중에 1명꼴로 학교를 그만두겠다는 학생들이 나왔습니다. 본인 의지로 그만둔다고는 해도 신입생의 처지에서 이것은 하늘이 무너지는 일입니다. 웨스트포인트에 입학하기 위해 20여년 가까이 쏟아 부었던 모든 노력이 한순간에 물거품이 되기 때문입니다. 학비 전액 면제, 졸업 후 보장된 취업 등 웨스트포인트 사관학교에 입학해서 누릴 수 있는 다양한 기회를 포기하면서까지 그들이 나가떨어지는 이유는 무엇이었을까요?

웨스트포인트는 그 원인을 찾기 위해 펜실베이니아대학 심리학과의 안젤라 리 덕워스Angela Lee Duckworth와 동료 연구진을 초빙해 신입생들을 평가하도록 했습니다. 왜 최고 중의 최고로 뽑혀온 지, 덕, 체를 모두 겸비한 우수한 학생들만을 선발했는데도 어떤 학생은 수업을 시작하기도 전에 포기하고, 어떤 학생은 성공적으로 학업을 마치는 것일까요?

놀랍게도 웨스트포인트 사관학교 신입생들이 비스트 배럭스를 통과할 수 있느냐 없느냐는 SAT 점수나 지능지수(IQ)와는 아무 상관이 없었다고 합니다. 체력의 우수성과 탈락 여부의 상관관계도 전혀 찾을 수 없었습니다. 오히려 모든 면에서 가장 우수한 조건을 가졌던 이들은 탈락하고, 비교적 하위 그룹에 속했던 이들이 첫 관문을 무사히 넘기는 경우가 빈번하게 일어났다고 합니다.

"똑같은 환경과 위치에서 똑같은 재능을 가지고 시작했는데도 왜 어떤 사람은 뛰어난 성과를 올리고, 어떤 사람은 그렇지 못한가?"에 대한 해답이기도 한 이 연구결과는 한 개인의 성공과 실패를 가르는

데는 "그릿Grit"이라 불리는 요소가 작용함을 밝혀냈습니다. 그릿이 높은 신입생들일수록 첫 여름에 실시되는 훈련을 무사히 통과했습니다. 그러나 아무리 우수한 성적과 강인한 체력을 가진 신입생이라도 그릿이 낮은 경우 5%의 탈락자 대열에 합류했다고 합니다. 그렇다면 그릿은 과연 어떤 능력일까요?

그릿은 덕워스와 동료들이 개발한 개개인이 지닌 성향을 측정하는 지표로서 불굴의 의지와 끈기, 열정을 모두 아우르는 개념입니다. 그릿은 꾸준함과 관련이 있으며 장기간 유지되는 삶의 스태미너라고 할 수 있습니다. 다이어트를 지속하는 것과 같이 특정 관심사를 그것이 성취될 때까지 지속하는 능력이기도 합니다. 지능을 측정하는 IQ 테스트처럼 그릿 테스트도 일정한 기준에 따라 객관적으로 측정할 수 있으며 그릿 지수가 높은 사람일수록 성공할 가능성이 커집니다. 이는 아이큐가 높은가와 성공 가능성이 비례하지 않는 것과는 대조적입니다.

그릿은 타고나는 능력이 아니라 훈련을 거쳐서 얼마든지 배울 수 있는 요소입니다. 헬렌 S.정의 저서인 《인라이어Inliers》는 웨스트포인트 사관학교 신입생 연구는 물론 성공이라 부르는 모든 뛰어난 성취 뒤에 한결같이 작용하는 요소인 그릿이 과연 어떤 계기로 연마되는지를 밝혀낸 책입니다. 《인라이어》는 아무것도 없이 맨손으로 시작한 보통사람들이 노력 끝에 놀라운 성공을 이뤄내는 과정을 분석하여 '자수성가의 법칙'으로 풀어내고 있습니다.

성공과 실패는 주어진 환경이 풍족한가와 타고난 재능으로 결정되는 것이 아니라는 것이 《인라이어》가 전하는 자수성가의 실체입니다. 여기에는 경동제약, 락앤락, 놀부 등 우리나라를 대표하는 기업들의 CEO들이 직접 참여하여 자신의 자수성가 스토리를 들려줍니다. 그들은 쥐뿔도 없이 시작했지만 오히려 무에서 시작했기 때문에 오늘의 성공을 이룰 수 있었습니다.

이는 KB금융지주 연구소가 2011년 7월초에 발표한 〈한국 부자 연구 : 자산 형성과 투자행태, 라이프스타일〉보고서를 통해서도 확인할 수 있는 사실입니다. 한국 부자는 평균 2억 4000만원의 종잣돈으로 12.9년의 기간 동안 현재 자산(평균 34억원)을 축적한 것으로 조사됐습니다. 이들 중 80% 이상이 상속보다는 본인의 노력과 투자를 통해 자산을 형성한 부자였습니다.

가진 것이 많고 풍족한 환경에 놓일수록 나태해지기 쉽고, 도전할 이유가 없는 것이 인간의 본성입니다. 결국 대부분의 성공한 사람들은 어려움이 토대가 되어 성공의 발판을 닦았습니다. 수많은 어려움을 극복해나가는 과정에서 '그릿'이라 부르는 끈기와 꾸준함을 나타내는 능력이 키워지고 이것이 곧 성공에 이르는 원동력이 된 것입니다. 물론 성공한 부자들은 모두 자신이 평생을 바쳐 하고 싶은 일을 찾아냈고, 그 일에 매진함으로써 '그릇'을 키워나갔습니다.

당장은 그릇이 낮더라도 좌절할 필요는 없습니다. 그릇은 훈련을 통해 얼마든지 높일 수 있는 능력입니다. 중요한 것은 현재 나라는 사람이 어떤 상태인지를 객관적으로 체크해볼 기회를 얻었다는 데 있습니다. 만약 당신의 그릇이 낮다면 무엇이 문제인가를 생각해 보면 됩니다. 그리고 적극적으로 극복할 방법을 찾아야 합니다. 주어진 환경이 열악하다는 장애물은 높은 수준의 그릇 앞에서는 그저 성공을 돕는 디딤돌로 작용할 뿐이기 때문입니다.

세 가지 행복

행복은 할 일이 있는 것,
바라볼 희망이 있는 것,
사랑할 사람이 있는 것,
이 세 가지다.

-중국 속담

세상에서 가장 행복한 사람

행복은 추구한다고 되는 것이 아니라,
결과로 일어나는 것이다.
성공이 행복의 열쇠가 아니라
행복이 성공의 열쇠다.

자신의 일을 진심으로 사랑하는 사람이라면
그는 이미 성공한 사람이다.
가장 행복한 사람으로 찬양받을 만한 사람은
가장 많은 사람을 행복하게 해준 사람이다.

-알버트 슈바이처(Albert Schweitzer, 프랑스 의사)

당신의 행복지수가 세상을 바꾼다

스스로 행복한 사람만이
다른 사람을 행복하게 만든다.

-헨리 해즐릿(Henry Hazlitt, 영국의 작가 • 비평가)

어느 멋진 날

어느 날 저녁이었다.
죽도록 피곤한 몸으로 막사 바닥에 앉아서
수프 그릇을 들고 있는 우리에게 동료 한 사람이 달려왔다.
그리고는 점호장으로 가서 해가 지는
멋진 풍경을 보라는 것이었다.
밖에 나가서 우리는 서쪽에 빛나고 있는 구름과,
짙은 청색에서 핏빛으로 끊임없이 색과 모양이 변하는 구름으로
살아 숨 쉬는 하늘을 바라보았다.

진흙 바닥에 패인 웅덩이에 비친 하늘의 빛나는 풍경이
잿빛으로 지어진 우리의 초라한 임시 막사와
날카로운 대조를 이루고 있었다.
감동으로 인해 잠시 침묵이 흐른 뒤, 누군가가 이렇게 말했다.
"세상이 이렇게 아름다울 수도 있다니!"

-빅터 프랭클(Victor Frankl), 《죽음의 수용소에서》 중에서

Life Lessons
행복은 선택의 문제

 미국 예일대학의 존 그루버 교수가 이끄는 심리학 연구진은 행복에 대한 해부를 진행했습니다. 그들은 여러 가지 자료를 과학적으로 분석함으로써 어떤 사람들이 행복하게 사는가를 연구했는데 그 중 하나가 1920년대 태어난 이들의 삶을 분석한 자료였습니다. 이들의 인생 경로를 추적한 결과 학창시절 '즐겁고 행복하다'고 기록된 아이보다 '내성적' 아이들이 오히려 더 오래 사는 경향이 나타났다고 합니다.

 이에 대해 연구진은 "활발하다"는 평판을 받고 자란 이들은 삶에 대한 낙관적인 태도를 가져 주의력을 잘 기울이지 못해 약물중독이나 교통사고 등의 위험에 더 자주 노출되며 노후 대비 저축을 제대로 하지 않는 등의 문제가 생기는 경우가 많았다."고 근거를 추정했습니다.

 많은 사람들이 행복해지려고 매일 긍정적인 생각을 하거나 행복해지는 전략을 짜기도 합니다. 하지만 이런 생활태도는 오히려 부정적인 결과를 부를 수 있었습니다. 특히 지나치게 행복해 질 거라고 기대하거나 '행복'만을 인생의 동기로 하면 실망하고 좌절할 가능성만 오히려 높아지는 것으로 나타났습니다.

이는 '스톡데일의 역설'이라는 현상으로도 잘 설명됩니다. 베트남 전쟁의 포로 중에서 계급이 가장 높았던 미국인 제임스 스톡데일 장군의 이름을 딴 이 개념이 유명해진 것은 베스트셀러《좋은 기업을 넘어 위대한 기업으로》의 저자 짐 콜린스에 의해서였습니다. 콜린스는 스톡데일 장군에게 베트남에서의 감금 생활 중 어떤 포로가 죽었는지를 물었다고 합니다. 그러자 스톡데일 장군은 이렇게 대답했습니다.
"아 간단해요, 낙관주의자들입니다."
콜린스가 당혹스러운 표정을 짓자 그는 설명을 덧붙였습니다.
"낙관주의자란 '크리스마스까지는 나갈 거야'라고 말하던 사람들이지요. 이윽고 크리스마스가 오고 크리스마스가 갑니다. 다음에는 추수 감사절, 다시 크리스마스를 고대하지요. 그러다 상심해서 죽어 버립니다. 이건 매우 중요한 교훈입니다. 아무리 어려워도 결국에는 승리한다는 믿음을 그게 무엇이든 눈앞에 닥친 현실 속의 그 가혹한 사실들을 직시한다는 원칙과 절대 혼동해서는 안 됩니다."
긍정적인 마인드가 중요하지만, 현실과 무관하게 지나친 긍정을 하거나 행복만을 추구하는 사람들은 오히려 더 빨리 더 많이 불행해진다는 것입니다. 이는 베스트셀러 작가 벤 셔우드Ben Sherwood의 저서 《그들은 어떻게 살아남았을까?》에서 밝혀낸 각종 범죄, 교통사고에서 자연재해에 이르기까지 언제 닥칠지 모를 재앙에서 살아남은 사람들의 이야기에서도 공통적으로 발견되는 사실입니다.

실례로 셔우드가 인터뷰한 브라이언 우델이라는 한 공군조종사는 음속, 즉 마하1보다 빠른 속도의 제트기에서 해수면 가까이로 사출되어 살아남은 유일한 사람으로 그의 생존은 미스테리할 만큼 놀라운 것이었습니다. 그가 바다에 떨어질 때 함께 떨어졌던 다른 조종사 한 명은 얼마 버티지 못하고 생을 마감했습니다. 우델은 어떻게 살아남을 수 있었을까요?

우델은 바다로 떨어지는 제트기에서 극적으로 탈출했지만 그 충격으로 몸의 주요관절이 거의 모두 구부러지거나 탈구된 채로 4시간이나 망망대해를 떠다녀야 했습니다. 몸의 힘줄과 인대가 모두 끊어졌고 동맥과 정맥 피부만으로 정강이와 발이 연결되어 있는 상태였습니다. 왼쪽 다리는 무릎 아래가 부러져 발이 뒤쪽을 향해 있었기 때문에 그는 수영이 불가능했습니다. 구명보트에 올라타려고 했지만 오른쪽 팔만으로 힘을 써서는 불가능한 상태였습니다.

놀랍게도 위델은 "살 수 있다"는 의지보다 그저 현재의 상황을 직시하고 있었다고 회고합니다. 온몸을 비참하리만큼 손상당한 채 밤

바다에 홀로 떠있던 그가 본 것은 마치 요정의 가루 같이 '초록색으로 반짝이는 빛'이었습니다.

"정말 멋진 광경이었어요."

그는 회고합니다. 잠시 동안이나마 그는 부상당한 아픔을 잊고 밤바다의 기막힌 아름다움을 넋을 잃고 바라보았습니다. 그러고 나서 자신에게 말했다고 합니다. '좋아, 난 꼭 복귀하겠어.' 그는 현실을 직시하며 차분하게 좌우를 살피고 방법을 찾았습니다.

마침내 힘겨운 사투 끝에 파도의 힘을 이용해 구명보트에 올라타는데 성공했습니다. 그렇게 4시간 가량을 정신을 잃지 않고 버틴 결과 극적인 구조를 받았다고 합니다. 그는 노스캐롤라이나 주 윌밍턴의 뉴 하노버 메디컬 센터로 이송되었고 그를 본 한 공군 조사관은 이렇게 말했습니다.

"자네가 이 자리에 있는 건 기적이네. 인간의 몸은 그 정도까지 견딜 수 있도록 되어 있지 않아."

이와 비슷한 이야기가 또 있습니다. 정신과 의사였다가 2차대전이 발발하면서 유태인이라는 이유로 수용소에 갇혀 언제 죽임을 당할지 모르는 삶을 살았던 빅터 프랭클의 이야기입니다.

그의 회고록 《죽음의 수용소에서》를 보면 그가 처한 상황이 우델과 별 다를 것이 없었음을 알 수 있습니다. 빅터 프랭클의 부모와 형제 그리고 아내마저 수용소에서 죽거나 가스실에 보내졌고 그 또한 작은 감방에 홀로 발가벗겨진 채로 있으며 '인간이 가진 최후의 자유'를 자각하게 되었습니다. 나치들은 그의 주변 환경을 완벽하게 통제하고 그들이 원하는 대로 마구자비하게 프랭클의 육체를 다루었지만 그는 이미 자신의 상태를 관찰자의 입장에서 바라보며 그 상황에 의해 고통 받지 않는 여유를 가진 자유인이 된 지 오래였습니다. 수용소의 비참한 환경으로부터 영향을 받을 것인가의 여부를 스스로 결정짓는 사람이 되어 있었던 것입니다.

앞서 이야기한 예일대의 행복 연구가 보여주듯이 애써 행복해지려고 하는 것 자체가 '행복과 멀어지는 결과'를 초래합니다. 이것은 행복은 커녕 생존과 직결된 극한의 상황에 처했던 우델과 빅터 프랭클의 이야기만 봐도 알 수 있는 사실입니다.

행복은 환경의 지배를 받지 않는 선택의 문제인지도 모릅니다. 현실을 있는 그대로 바라보고 받아들이는 사람일수록 어떤 극한 상황에서도 자연의 아름다움에 기쁨을 느끼고 아주 작은 것에도 감사하게 됩니다. 그 결과 행복한 삶을 선택하게 되는 것은 아닐까요.

위험과 기회의 상관관계

위기라는 단어를 한자로 적으면
두 가지 뜻으로 이루어져 있다.

하나는 '위험하다'는 뜻이고
또 하나는 '기회'라는 뜻이다

−존 F. 케네디(John F. Kennedy)

노인의 머리와 청년의 손

성품 속에 어느 정도 노인의 특성을 지니고 있는 청년은 믿음직스럽다.
청년의 특성을 지니고 있는 노인 역시 좋다.
이런 규칙에 따라 사는 사람은
나이를 먹어도 결코 마음이 늙는 일이 없다.

-마르쿠스 툴리우스 키케로(Marcus Tullius Cicero, 로마시대의 정치가 • 철학자)

얼굴이 나를 말한다

인간은 40세를 넘으면
누구라도 자신의 얼굴에 책임을 져야한다.

−에이브러햄 링컨(Abraham Lincoln)

인생의 가장 큰 즐거움

인생에서 가장 멋진 일은
"너는 절대로 할 수 없다"라고
세상이 말하는 것을 해내는 일이다.

-월터 배젓(Walter Bageht, 19세기 영국의 경제학자)

성공은 끝없는 여정이다

"당신의 최고 걸작은 무엇인가?"

"Next one(다음 작품입니다)."

-찰리 채플린

Life Lessons
평범함과 일류의 차이는 '인격'

"먼저 자기 마음부터 바꿔야 한다. 마음이 바뀌면 행동이 바뀐다. 행동이 바뀌면 습관이 바뀐다. 습관이 바뀌면 인격이 바뀐다. 인격이 바뀌면 운명이 바뀐다."

미국 심리학의 제창자이자 실용주의 철학사상을 20세기 미국 사회에 널리 알린 윌리엄 제임스의 말입니다.

과연 한 사람의 인격이 그 사람의 운명을 좌우한다는 것은 진실일까요? 성공에 있어서만큼은 인품이 어떠한가는 중요하지 않은 것이 아닐까요? 한 사람의 재능이 운이라고 부를 수 있는 기회와 만나 이루어지는 화학작용이 바로 성공이 아닐까요?

아시아인으로서는 드물게 메이저리그 스카우터로서 활동한 닷쿠가와모토도 이와 비슷한 의문에 휩싸였습니다. 그는 애너하임 에인절스라는 메이저리그 야구팀의 매니지먼트에 참여하면서 꼴찌를 도맡아왔던 에인절스를 2002년 월드시리즈 챔피언에 올려놓는 성과를 올리면서 이상한 경험을 했다고 합니다.

메이저리그에서는 루키라는 같은 출발점에서 출발한 신인 선수들 중 약 5%만이 메이저리거라는 도착점에 도착하고 나머지 95%는 탈락해버리는 일이 계속해서 일어나고 있는 것이었습니다.

전 세계 야구팬들을 하나로 모으는 미국 야구의 꽃 메이저리그는 마치 매일같이 치열한 경쟁이 벌어지고 있는 우리 사회의 축소판과도 같았습니다. 닷쿠 가와모토는 성공적인 커리어를 지켜나가고 있는 메이저리그 선수들을 연구함으로써 "무엇이 개인은 물론 조직의 성공을 좌우하는가?"에 대한 의문의 실마리를 발견했습니다.

그의 저서 《일류 인생》에는 바로 이 해답에 대한 이야기가 들어 있습니다. 단도직입적으로 말하면 일류인생과 평범함의 차이를 가르는 것, 즉 95%의 탈락자들과 단 5% 성공한 메이저리거들의 차이는 바로 '인격'에 있었다고 합니다. 메이저리거들은 이 세상에서 가장 경쟁이 심한 곳에서 살아남기 위해 애쓰는 사람들이고, 이 중 크게 성공한 선수들은 모두 '진정한 프로'로서의 자격을 갖췄다는 것입니다.

메이저리그에는 매년 반짝 스타들이 쏟아져 나오지만 오로지 극소수의 프로들만이 살아남는 이유가 여기에 있었습니다. 그것은 결코 재능이나 실력의 차이가 아니었다고 합니다.

진정한 프로는 스스로 생각하고 움직이며 자기 재능을 스스로 발전시킬 줄 압니다. 자신의 행동과 말, 태도 등이 남에게 어떻게 보여질지 심사숙고하며 유머가 넘치는 따뜻한 인격자들입니다. 또한 자기계발에 몰두함으로써 선수 생명을 마감한 후의 인생도 설계할 줄 압니다.

이는 전설적인 농구 코치로 평가받는 존 우든의 사례를 통해서도 확인되는 사실입니다. 그가 코칭을 맡은 UCLA 농구팀은 10년 동안 9번 전국 챔피언십에 출전했고 최근에는 3년 동안 88 경기 연속 불패 기록을 세웠습니다. ESPN은 존 우든을 스포츠계를 통틀어 가장 훌륭한 코치로 선정했습니다. 과연 우든 코치는 어떤 코칭 비결을 가지고 있었던 것일까요?

그를 연구한 학자와 업계사람들이 공통적으로 전하는 이야기는 존 우든에게 별다른 특별한 비결이 없었다는 것입니다. 놀랍게도 그는 아주 기본적인 것들을 강조하고 선수들의 움직임을 사소한 것 하나 놓치지 않고 기록하고 교정해주는 노력을 계속하는 코치였을 뿐입니다. 그가 코칭을 하면서 내뱉은 말 중 칭찬은 6.9%에 불과했고, 불만의 표현도 6.6% 뿐이었습니다. 나머지 86.5%는 순수한 정보로서 무엇을 어떻게 하라거나 행동 강도를 높이라고 지시하는 내용이 주를 이뤘습니다. 그는 성자에 가까울 정도로 사려깊고 겸손한 성품을 지닌 사람으로 처음 팀에 들어온 신입선수들의 오리엔테이션에서 물집이 잡히지 않게 양말을 신는 방법을 알려주는 것으로 유명했습니다. 그의 자서전인 《우든John Wooden》을 보면 다음과 같은 글귀가 나옵니다.

"빠르고 대단한 발전을 추구하지 마라. 날마다 조금씩 나아지려고 노력해라. 그것이 실력을 습득하는 유일한 길이다. 그렇게 얻은 실력은 오래 유지된다."

그는 매일 아침 2시간 동안 조교들과 그날의 연습 계획을 짜고 3행 5열짜리 표에 분 단위로 스케줄을 기록하는 사람입니다. 우든 코치는 이런 스케줄 표를 전부 보관해놓고 매년 비교하거나 수정했습니다. 그가 코칭을 하며 충동적으로 내뱉는 것 같은 말 한 마디 조차 대본처럼 체계적으로 구성된 코칭 매뉴얼에 따라 계획적으로 내뱉는 대사에 가까운 것이라고 합니다.

우든 코치는 한 평생을 승리를 위해 노력해 온 사람이지만 성공에 대한 질문에는 다음과 같이 대답했습니다.

"만약 여러분이 할 수 있는 최상으로 노력을 기울인다면 그리고 여러분에게 존재하는 상황을 개선하려고 시도한다면, 제가 생각하기에는 그것이 성공입니다. 그리고 다른 사람들이 그것을 판단할 수 있다고 생각하지 않습니다. 저는 그것이 마치 성격과 평판과 같다고 생각합니다."

이는 메이저리그 스카우터인 닷쿠 가와모토가 깨달은 일류인생의 비밀과도 일치합니다. 재능이 있는 사람은 많지만 이중 대다수가 인생의 정점에서 한순간에 나락으로 떨어지는 경우가 허다한 것이 현실이었습니다.

성공이란 결국 시작과 끝이 있는 게 아니었습니다. 끊임없이 지속되는 여정이며 마치 우리가 매순간 호흡을 이어나가는 것과 같은 것이었습니다. 숨을 몇 년이고 참았다 한꺼번에 몰아쉴 수 없듯이 성공 또한 그랬습니다. 어떤 인격을 가졌느냐가 성공을 좌우하는 이유가 여기에 있습니다. 인격을 갖춘 사람이 된다는 것은 한 순간의 노력으로 쌓아올릴 수 있는 능력이 아니기 때문입니다. 당장은 질 수도 있고 실패할 수도 있습니다. 하지만 무슨 일이든 길게 보고 호흡을 골라야 합니다. 미국 메이저리그의 전설로 남은 선수 요기 베라도 다음과 같이 말한 바 있습니다.

"끝날 때까지는 끝난 게 아니다."

마음과 몸의 건강 비결은
과거에 집착하지 않고
미래를 미리 걱정하거나 염려하지 않는 것이다.
지금 이 순간을 현명하게 열심히 살아라.

-붓다

인생, 명언으로 답하다

초판 1쇄 발행 2011년 10월 15일
  2쇄 발행 2011년 12월 17일

      글   김양경
    그림   고예민
  펴낸곳   작가서재
  펴낸이   김진식
  편집인   정효선

출판등록   2011년 06월 07일 제406-2011-000071호

  주소   경기도 파주시 교하읍 문발리 559 월드타운하우스 102-401
  전화   070-7672-5523
  팩스   031-947-0379
  이메일   enlightenme.book@gmail.com

ⓒ김양경 2011
ⓒ고예민 2011

ISBN 978-89-967128-0-0 03810

작가와 협의 하에 인지는 생략합니다.
잘못된 책은 구입하신 서점에서 교환해 드립니다.

* 작가서재는 인라잇먼트의 교양분야 브랜드입니다.